U0882437

YOUR MIND

内在和解

An Owner's Manual for a Better Life:
10 Simple Truths That Will Set You Free

Christopher Cortman
Harold Shinitzky

[美] 克里斯多夫・柯特曼　[美] 哈洛・辛尼斯基 —— 著

周飞璇 —— 译

CNS | 湖南人民出版社・长沙

本作品中文简体版权由湖南人民出版社所有。
未经许可，不得翻印。

Copyright ©2010 by Dr.Christopher Cortman and Dr.Harold Shinitzky through Andrew Nurnberg Associates International Limited.

图书在版编目（CIP）数据

内在和解 / （美）克里斯多夫·柯特曼(Christopher Cortman)，（美）哈洛·辛尼斯基(Harold Shinitzky) 著；周飞璇译. —长沙：湖南人民出版社，2022.6

ISBN 978-7-5561-2893-8

I. ①内… II. ①克… ②哈… ③周… III. ①心理学—通俗读物 IV. ①B84-49

中国版本图书馆CIP数据核字（2022）第042501号

内在和解

NEIZAI HEJIE

作　　者：［美］克里斯多夫·柯特曼　［美］哈洛·辛尼斯基
译　　者：周飞璇
出版统筹：陈　实
监　　制：傅钦伟
责任编辑：张玉洁
责任校对：蔡娟娟
装帧设计：@刘哲_NewJoy
封面插画：KinKi

出版发行：湖南人民出版社有限责任公司［http://www.hnppp.com］
地　　址：长沙市营盘东路3号　邮编：410005　电话：0731-82683357

印　　刷：长沙新湘诚印刷有限公司
版　　次：2022年6月第1版　印　　次：2022年6月第1次印刷
开　　本：880 mm × 1230 mm　1/32　印　　张：9.5
字　　数：164千字
书　　号：ISBN 978-7-5561-2893-8
定　　价：58.00元

营销电话：0731-82683348（如发现印装质量问题请与出版社调换）

目录

前言

你知道自己的大脑是如何运作的吗？你对它的了解有多少？

也许你非常了解你的私人座驾，知道一部汽车是如何工作的。你还可能非常了解你的私人电脑，知道一台计算机是如何运行的。此外，如果你与大多数人无异，那么你一定更加了解自己身体各个部位的运作机能，比如你的膝盖为何会产生慢性疼痛，以及运动如何影响你的心率。

长久以来，我们都是依赖治疗师来告诉我们大脑的运作原理，这在一定程度上也未尝不可。作为心理学家，我们经受过大量的专业训练，以便为我们的来访者提供帮助。我们在一系列的心理问题上拥有 40 多年丰富的综合临床经验。从沟通传播的角度来讲，我们两位作者都曾在媒体工作过，为大量非专业读者解释过各种各样的心理问题，这些心理问题也是我们要在本书中讨论的内容。但是，我们永远都可以自助且有能力自助。如果你掌握了本书所讨论的一些原理，那么你势必会比那些未掌握这些原理的人更快地恢复心理健康。

即使你没有接受心理治疗，这些原理也可以帮助你生活的方方面面。如果你了解自己的大脑是如何运作的，比如你知道自己为什么会在某些时刻莫名其妙地悲伤，或者自己为什么总是会破坏某些类型的人际关系，那么你就能通过很多方式来进行自我治疗，包括：

※ 治疗你过去的情感创伤

※ 学习建立并维持更有益的关系

※ 更有效地处理工作中遇到的问题

※ 管理并尽量减少成瘾行为

※ 找到更多幸福和人生意义

我们的研究在于找到关键的心理学原理，并且告诉读者如何运用这些原理来指导生活。因此，我们创建了一个清单，列出了我们认为与大脑相关的重要观点，并且与其他许多治疗师进行了讨论，以获得他们的反馈。此外，我们还参考了自己与有着各类心理问题的来访者多年来一起工作的丰富经验。

我们最终确定了 10 个心理学原理，也就是下文将要介绍的 10 个心理学真相。我们最终将其称为“真相”而非“原理”，是因为这样不会显得那么学术化和有距离感。我们都知道，“良医治未病，防范胜于治”。如果你对大脑的运作原理缺乏了解，那么你就会在生活中犯下很多错误，而如果你了解了这些真相，那么你就能保护自己免受一些伤害和影响。

10 个心理学真相及其在生活中的应用

现在，我们为你列出了这 10 个心理学真相。我们认为这是一个非常典型的、治疗效果上乘的清单，它也是对某些最重要且最有用的心理学概念的浓缩：

真相 1：情绪并非总是神秘造访，它是可以被识别和理解的

真相 2：只有改变想法并说出感受，你才能摆脱强迫行为

真相 3：每种行为背后往往都有我们意想不到的目的

真相 4：除非能面对内在破坏者，否则我们只能自我破坏

真相 5：再古怪的行为都来自我们的许可

真相 6：不要将有限的情感能量浪费在妄想、担忧和抱怨上

真相 7：维持人际关系在于改变自己而非改变他人

真相 8：建立自我界限能使人免遭拒绝、侮辱和恐吓

真相 9：放手让别人做自己，而不必成为你期待的样子

真相 10：时间不能治愈所有的伤痛，但我们可以学习如何放下

其中一些真相乍看之下可能有悖常理，比如你可能会怀疑，我们怎么会自我破坏呢？还有一些真相看起来很有道理，但是你不知道如何利用它们来帮助自己。例如，我们应该如何建立自我界限呢？放心吧，我们会帮助你理解这些真相的作用以及找到实践方法。如果你希望能有一份幸福生活指南，那么非这 10 个心理学真相莫属了。很多时候，自我完善的努力之所以失败，是因为我们所使用的方法过于复杂和耗时，或者过于简单。而这些真相却提供了一种通俗易懂且快速可行的方式，来帮助我们治疗疾病，解决问题 ，找到幸福。

拿真相 1 来说，人们常常会为他们在愤怒时所说的话感到后悔。他们会对着伴侣大喊大叫，或者对老板大发雷霆，并且承受着这一切所带来的负面结果。但是，他们往往坚定地认为，自己对此没有一点办法，因为情绪来得十分迅猛和强烈，让人根本控制不了。他们觉得“感受就是事实”，或者他们相信“你无法改变自己的感受”。在这些情境中，他们也曾试图控制自己的脾气，但最终还是被情绪和感受打败了，感情战胜了理智。然而，如果他们深入感知自己的愤怒，确定愤怒从何而来，找到愤怒的触发因素，那么他们就可以获得控制这种情绪的力量。

在第 1 章，我们将详细介绍控制情绪的具体方法。

每一章都对应一个心理学真相，但最后一章除外。我们将在最后一章为你介绍 3 种不同的场景来应用这 10 个真相。我们在每一章中都对相应的真相进行了解释，并提供了相关例证，以及能帮助你将这些真相应用于现实生活的练习。

我们所提出的 10 个心理学真相并非治疗所有心理问题的灵丹妙药，它们也不能取代正规的心理治疗。如果你的心理问题根深蒂固，或者你受到了严重的创伤，那么你就需要额外寻求心理学专业人士的帮助。但是，如果你像大多数人一样，想要实现自我学习和自我成长，而不想只是被动地接受治疗，那么你就可以通过本书的帮助，做一个治疗过程中的主动参与者。这些真相将为你提供一种方式，让你能富有成效地参与其中。

思考一下有关你自己的真相

从一开始，我们就希望你能用这些真相的方式来思考。问问自己，你应该如何将每一个真相应用于自己的生活。思考不是为了回答问题本身，而是提高你的省察能力。你越是能深入省察自己的想法和感受，了解它们的产生原因、它们的模式以及它们影响你行为的方式，你就越能有效地管理和控制它们。这种省察能力也可以有效地防止你冲动行事，或者陷入羞愧、愤怒、悲伤的情绪泥淖。你可以花点时间想一想下面这一组问题，每个问题都有一个编号，分别与一个真相对应：

1.你是否曾经有过某种感觉，但是不确定为什么会有这种感觉？这种感觉是否莫名其妙地出现，不仅影响你的情绪，还影响你的能量水平、工作表现，以及你与其他人的人际关系？

2.你是否有一些强迫行为？当这些强迫行为出现时，你脑子里通常在想什么？其中，什么样的感受是最强烈的？

3.你是否曾有过看似不合理或令人困惑的行为？你是否说过或做过某些导致了严重后果的事情，并且事后你无法相信自己说过或做过这些事情？

4.你是否曾以某种方式伤害过自己所珍视并希望保持的某段人际关系？你是否曾在工作中做过一些事情，最后导致你受到训斥或被解雇？当想到这些情境时，你是否觉得自己在一定程度上也希望某些坏事发生？

5.你是否知道你真正允许自己做什么？这些行为是否真的应该允许发生？哪些行为是可以被你的家庭、朋友和同事所接受的？

6.在一天中，你花了多少时间在妄想、担忧和抱怨上？当你花了大量时间妄想、担忧和抱怨时，你是否感到疲惫不堪？这种情绪上的耗竭感是否会妨碍你做一些更有成效的事情？

7.是否有那么一个人总是牵动着你的情绪？是否某些人的认可对你来说至关重要，而某些人的否定让你感觉很糟糕？是否有时候你会不自觉地在意身边其他人的看法和评价，并且被其他人的言行所左右？

8.你能很好地处理别人对你的指责和批评吗？你相信别人如何对待你与你是谁无关吗？你能处理好别人对你的拒绝、侮辱，并且不感到内心崩溃吗？

9.你是否有时会试图改变别人，从而让他们按你的方式行事？当最亲近的人的行为与你的期望相悖时，你是否会感到惊讶？

10.在受到情感创伤以后，你是否认为随着时间的流逝，痛苦也会随之减轻？你是否能轻易放下那些痛苦感受，这些感受可能会使你陷入困境或让你不思进取？

从某种意义上说，这些问题很棘手，因为它们迫使你面对那些自己难以承受的想法和感受。它们可能会使你焦虑，让你不得不面对那些自己根本不想回忆的事件和问题，甚至可能会让你陷入自我否定。如果你真的想要改善自我，那么你就必须努力解决这些问题。我们将会为你提供必要的信息和辅导，使你能很好地利用这些问题背后的真相，从而更加轻松地处理这些问题。

最大限度地发挥你的所思所学

自我成长绝非仅仅意味着了解这些真相，它还意味着你要积极完成练习并培养新的技能。这样一来，你会觉得自己的生活愈加充盈。我们希望你能对自己即将学习的内容保持开放的态度，因为这些内容不仅可能会让你陷入一定程度的自我否定，也可能会让你产生心理防御和其他形式的阻抗。毕竟，没有人愿意承认他们一直在进行自我破坏，或者他们是否快乐都取决于他人。另外，这些内容也会促使你反思你自己的行为方式以及思维方式。

然而，如果你尽一切努力克服自己的心理阻抗，并坦然面对这些心理事实，那么你就会发现这种努力是非常值得的。这些真相可以让你明白，为什么你总是会与自己的老板发生矛盾，为什么你会过度依赖酒精来缓解压力，以及为什么你的亲密关系或其他人际关系没有像你所期望的那样发展。换句话说，你可以利用这些真相来解决生活中的具体问题。为了更有效地处理这些问题，你也可以制订一个计划。此外，你还会认识到一些事情，即什么驱动着你，什么困扰着你，什么会妨碍你实现目标，以及什么会帮助你实现目标。这些真相可以让你真正了解你是谁、你的人格成因，以及你如何能成为自己想成为的人。在本书中，我们将给你提供大量信息、案例和练习，以帮助你有效地利用它们。请注意，出于隐私保护，本书中所有来访者的姓名均为化名，特定细节已做改动。

第1章

情绪并非总是神秘造访，
它是可以被识别和理解的

幸福并不取决于外部环境，而是取决于一个人的内在自我。

——伦道夫·丘吉尔

想象一下，如果你能像了解你的思想一样了解你的情绪，那么会发生什么呢？你可以想一想，如果你能控制自己的情绪，不再受到它的支配，那么你的生活会是什么样子。与其终日郁郁寡欢，还不如认真地发掘一下到底这种情绪因何而起。与其对爱人发脾气或对老板大喊大叫，不如及时察觉自己何时会爆发，并尽量采取预防措施。我们不仅可以避免消极的情绪影响自我，还可以充分体验积极的情绪。只要你了解情绪的来源、意义和生理机制，你就会拥有更强大的力量控制你的情绪，你的生活就会更幸福、更圆满。

杰里是一个脾气非常糟糕的人，一点鸡毛蒜皮的小事都能让他勃然大怒。这种易怒的性格不仅破坏了他的婚姻，也伤害了他与孩子的关系，还导致他丢了两份工作。43 岁的杰里总是任由这种情绪摆布，他不太明白自己为什么会变得如此易怒，他希望能对自己的愤怒做些什么，但他想，“我就是这样的人”。其实，他完全可以避免这个问题。如果他尝试找出愤怒的来源和触发因素，那么他就有可能抓住时机控制它，从而防止愤怒给他的生活带来更多伤害，并且消除一些已经产生的伤害。

让我们先把杰里这个案例放在一边，想一想有关汽车驾驶的事情。汽车制造商认为，如果我们了解了汽车的工作原理，那么我们就能更好地进行驾驶。因此，汽车公司会给我们提供一份详细的说明手册。我们可能不会逐字逐句地阅读它，因为我们开过其他汽车，有过一定的驾驶经验。但是我们会对那些新的、不太熟悉的功能感到好奇。如果这是我们的第一辆带有防抱死制动系统的车，那么我们就会知道，自己不能在光滑路面上通过频繁点刹的方式来减速，而应该轻踩刹车踏板，防抱死制动系统将自动介入。同样，我们也不需要像心理学家那样通过深入了解情绪来控制情绪，仅仅知道一些，哪怕是情绪的一个方面，都会对我们的生活有巨大帮助。

美国著名心理治疗大师斯科特·派克在他的经典著作《少有人走的路》中认为，如果情绪是奴隶，那么我们就是管理情绪的主人。这并不复杂，你不需要像弗洛伊德那样了解情绪的运作机制，在第一步，你仅仅需要知道有关情绪的 5 个小秘密。

1. 所有的情绪都是关于自我本性的表达

每一种情绪都反映了我们处理现实的方式。作为心理学家，我们治疗过大量受到过情感创伤和虐待的来访者，也常常会听到有关成年养育者对儿童进行虐待的故事。虽然我们没有亲身经历过虐待，但当我们听来访者绘声绘色地讲述他们被其信赖的成年人虐待的方式时，我们的情绪和身体都有不同程度的反应。我们会咬紧牙关，握紧拳头，因为我们非常愤怒。当成年人利用他们的权威地位虐待儿童时，我们会感知到一种可怕的权力侵犯，因此，我们的愤怒与我们对虐待的想法和信念有关。无论是作为普通个体，还是作为心理学家，我们的愤怒都来自我们的本性。

查尔斯医生是一名退休医师，他在 85 岁时来找我进行心理治疗。他是一位和蔼可亲且富有同情心的绅士，有着迷人的微笑。他讲述了自己在美国农村做全科医生的 50 多年的经历。查尔斯医生有个习惯，就是特别喜欢用 “可爱”来形容别人。例如，“他是个可爱的家伙”“她是个可爱的女人”。你可以想想，他为什么老爱使用这个词。他之所以觉得每个人都很可爱，是因为他自己也是一个非常可爱的人。查尔斯医生对许多人都很热情且富有同情心，这恰恰就是他自己的本性。

2. 情绪通常是我们的思想、态度和信念的外在体现

一名男子躺在城市的人行道上睡着了，他的一半身子在纸

板箱里，一半身子露在外面。他穿着一件法兰绒衬衫，脸靠在胳膊上，口水顺着他的袖子往下流。有 4 个行人从旁边经过。第一个行人注意到这个路边熟睡的人，觉得他好可怜，但是迅速把目光移开。他心想："我什么都没看见。"于是继续他的晨练，不再去想人行道上的那个人。第二个行人四下张望时发现了这个人，他自言自语道："要不是我走运，我也会遭此厄运。要是我哪天得意忘形，说不定躺在那儿的就是我。"然后，他匆忙赶路去上班，并在心里为纸板箱中那个不幸的人默默祝愿。第三个行人对这个正在路边熟睡的人有着截然不同的反应。他在内心咆哮："像他这样懒惰且一无是处的流浪汉躺在街上睡大觉，这给国家造成了多大的负担啊！我在这里拼命工作、诚实谋生，我是纳税人，交的税却一直养着像他这样的一群人。他有没有反思过？他的自尊何在？"第四个行人在第一次看到这个路边沉睡的人时，用惊恐的眼睛看着他。当他走到这个男子身边时，心里想："他真是可怜！"然后他仔细确认了一下男子是否还活着，想知道这么恶劣的天气是否已经让他奄奄一息，以及自己该做些什么才能帮助他。他最终决定不打扰这名男子，然后把一张 100 元的钞票装在男子上衣的口袋里。这个熟睡的男人幻化成一个极度悲伤的形象，永久地刻在了他的记忆中，时刻提醒着他世界上那些不幸之人的困境。

每一个行人都把自己特定的思想、态度和信念投射到了街边这名熟睡的男子身上。他们每个人都是通过自己的世界观来解释这名熟睡男子的经历。他们的看法就是他们的现实，我们所有人也是如此。在创造情感方面，认知、思想、态度和信念比现实本身更重要。因此，不要错误地认为你的情绪主要受某些特定的情境、特殊的经历或者具体的人的影响。正如莎士比亚所说："事情本无好坏，都是思维使然。"所罗门王在《箴言》中说："因为他心怎样思量，他为人就是怎样。"后来，哲学家伊壁鸠鲁写道："人不为事本身所扰，而为他们在事上所形成的教条和观念所扰。"

让我们来看一看《犹太人智慧全书》中的这个故事。萨迪的丈夫杰克几个月来时时陷入昏迷，然而忠实的萨迪却日夜守在他的床边。一天晚上，杰克醒来，示意她靠近点。他说："萨迪，亲爱的，你一直陪我度过这些难熬的日子。我被解雇，你却非常支持我。我生意失败，你也给我了莫大的安慰和鼓励。我中枪受伤，你依旧在我身边。当我们没有了房子，你还是留在这里。而当我的身体每况愈下时，你仍然在我身边照顾我。你知道我是怎么想的吗，萨迪？"萨迪轻声问道："亲爱的，你是怎么想的？"杰克说："我觉得自己之所以这么倒霉是因为遇到了你。"正是杰克对现实的看法，而不是真正的事实或境况影响了他的情绪。

与事件的基本事实相比，我们对事件的感知在更大程度上影响着我们的情绪。例如，如果我们认为伴侣对我们不忠，那么这种看法就会让我们感到生气、悲伤等。他是否真的出轨，这并不重要，关键在于我们做了一个错误的假设。同样，如果他真出轨了，但我们压根儿不知道，那么我们可能每天都会很快乐。因此，真正影响我们情绪的是我们对事件的看法和感知。

我有一位 76 岁高龄的女性来访者，她在一次常规医治过程中不慎遭遇医疗事故，这导致她永久双目失明。但是，她没有整日沮丧难过，而是一直保持着谦逊和感恩，这也正是她内在的人格特质的体现。她的生活态度始终鼓励着她的家人和朋友。她相信自己会一直沐浴在爱、支持和祝福之中，而不是把自己看作一个无助的受害者，这既是她的自我本性的表达，也是她处理现实的方式。其他大部分人在类似的情况下肯定会感到痛苦和怨恨，然而，这位女士却用积极的情绪去面对生活中的种种不幸。研究人员发现，快乐的人在遭受巨大的打击，比如失明或瘫痪后往往仍能保持快乐。同样，不快乐的人即使中了彩票并变得富有，往往还是不快乐。

宾夕法尼亚大学的心理学家马丁·塞利格曼博士进行的一项研究表明，人们总是以一种预判的方式去解释现实，他称之为归因风格。根据这项研究，一个人的自我否定倾向和自我贬低倾向是导致临床抑郁的重要因素。

失业或者离婚往往会让我们产生这种负面认知。不过，我们一定要知道，这种消极的“受害者情绪”来自我们自身，而不是来自外部事件。当我们意识到这一点时，我们对事件的反应就会有所不同。我们丢了工作，这的确令人难过，但我们不必允许经营不善的前雇主或我们无法与其和谐相处的老板，把我们变成一个没有价值的人。我们如何看待发生在自己身上的事情，即我们对某一事件的态度和信念，才是影响我们情绪反应的主要因素。

3. 我们投入越多的东西越容易让我们产生情绪

我们可以用描述情绪的词语对人进行描述，比如快乐的孩子、愤怒的老人、焦虑的女人。在颁奖典礼上，当主持人用慷慨激昂的声音仔细描述一位女演员走红毯时的华丽着装时，你也许想知道，为什么有人会这么关心别人穿的衣服？你也许还想知道，为什么几万人要挤在一个体育场里为一支战绩为 9 比 2 的足球队疯狂欢呼？为什么有人每次观看悲情电影时都会哭泣？为什么有人会从事每周需要工作 70 个小时的低薪工作？以及为什么有人会嫁给一个看起来粗鲁而刻薄的人？人们会对生活的各个方面，比如家庭、金钱、运动、性、汽车和衣服等进行投资，所有这些投资都会让我们产生情绪。我们自身产生的一切情绪都是我们所投入的情感能量的证明。如果我们有情绪，那么这就说明我们投资了；如果我们的情绪很强烈，那么这就说明我们投入巨大。

如果我现在问你，你对新墨西哥州阿尔伯克基市即将举行的市长选举有什么看法，那么你可能并不关心这件事。

你不会对市长选举有任何情绪反应。为什么？因为你没有投资任何东西，所以你自然不会有任何情绪。没有投入，就没有情绪。现在来想一想能引起你强烈情绪的事情。什么事情对你来说最重要？是你的工作、你的相貌、你的配偶、你的孩子、你的财富、你的地位、你的成功、你的兴趣爱好吗？无论是对你自己还是对别人，投资和情绪之间的关系能让你更加了解什么才是真正重要的东西。人们嘴上常常强调的东西不见得就最重要。有时，人们坚持认为工作是他们生活中最重要的事情，然而，当谈起工作时，他们都是轻描淡写地一笔带过；他们从来没有激动地聊起某个新项目或者兴奋地谈论他们已经实现的工作目标。他们反而在聊到自己的周末娱乐活动和业余爱好时侃侃而谈。这是一个很明显的暗示：他们一直在自欺欺人，他们其实并不知道什么才是对他们真正重要的东西。

你可以把情绪当作定义重要事物的晴雨表，它能在关键时刻帮助你做出重要的人生抉择。例如，你最近正在和一位男士约会，他经常表示，他的家人对他来说最重要。他说自己想有个孩子，并且平时非常享受和他侄子在一起的时间，他还老说自己跟父母和兄弟姐妹之间的关系十分密切。然而，在你和他交往的 6 个月里，他很少给你讲他家里的事情，也没有对他的家人表现出任何强烈的情感。当他谈到一个早年夭折的表妹时，他从来没哭过；当他与父亲在生意问题上有分歧时，他也没有表现出任何的愤怒和不安（负面情绪也是定义重要事物的标志）。但是，当他谈到有些财务策略回报可观，而有些财务策略则血本无归时，他变得非常激动，同时表现出了积极情绪和消极情绪。那么，这些情绪反应就能让你深入了解他的价值体系。

约翰一直坚信他应该去读法学院，因为他的父母都是律师，他在法学院入学考试的成绩也不错，并且他还常常分析成为一名律师的好处，比如能得到声望和金钱等。但是，当约翰思考做律师是一种什么样的感觉时，他意识到，那是一份不能表现出情绪化的冷冰冰的工作。相反，当他想到或者谈论起生活中的其他方面，比如漂流、远足或旅行时，他却表现出了强烈的情感。他对这些所谓的娱乐活动进行了大量的投资，但他对成为一名律师却只有智力方面的投资。很多人其实无法真正了解对自己而言最重要的事情。因此，投资与情绪之间的关系为某些不易解读的东西提供了一个很好的衡量标准。

4. 情绪反映了我们对现实世界的认知

我们的情绪天生就会给我们一些暗示，让我们知道自己是如何感知现实世界的。可惜我们总是会误解这些信息，或者因为太过情绪化而无法真正理解它要告诉我们的东西。当我们感到极度悲伤或非常愤怒时，这种情绪究竟意味着什么呢？以下是我们对常见情绪反应的一些解释。

焦虑

焦虑是一种紧张感，你可能会感到心跳加速、胃部不适、胸闷、口干和手抖。我们大多数人可能都曾有过这些感受。有时我们非常确定这是什么引起的，比如我们马上要面对工作业绩考核，而在更多的时候，它是一种模糊的、无端而发的感觉。然而，即使我们知道焦虑的来源，这种情绪信息也是不完整的。如果我们想全面了解自己的焦虑，那么我们就得看看自己在哪方面投资最多。焦虑其实就是一种信号，它能让我们察觉到这种投资的潜在危险。

用公式表示就是，投资 + 危险 = 焦虑。例如，一方面，如果你曾有亲戚死于结肠癌，那么当你要做第一次结肠镜检查时，你自然就有了投资（你珍惜自己的生命）和危险（检查结果可能不容乐观）。另一方面，如果你并没有高血压病史，那么当医生给你量血压时，你几乎就不会感到焦虑。在某些情况下，你可能会看到危险，但却不会感到焦虑，因为你并没有对此有什么投资。例如，如果一个人没有房产，那么在房价下跌时，他就不会感到焦虑。正如谚语所说："邻居失业了，是经济衰退；你失业了，就是经济萧条 。"事件与你的相关度决定了你对现实的看法，从而也决定了你的情绪反应。

所以说，焦虑不全是一个临床问题，而是自我发出的一种讯息，它告诉我们，我们所珍视的东西正在受到威胁。从投资和危险这个框架来审视我们的焦虑是很有帮助的，因为它给我们提供了宝贵的信息，让我们能更好地处理焦虑的来源。然而，如果没有这个框架，那么我们就无法自如地应对焦虑。例如，我们可能会通过饮酒或服用镇静剂来缓解焦虑。这就好比我们在开车时看到油灯亮起，发现汽油只剩不到一升了，于是我们赶紧让乘客从工具箱中取出一把锤子，把油灯砸碎。我们这样做只能消除焦虑提示信息，却没有处理背后的问题。结果就是，如果你继续开车，那么车子就会罢工；如果你不处理焦虑的来源，那么你就会经历或大或小的崩溃。

我们可以利用焦虑来了解自己是如何感知现实的。先找出你珍视且进行了投资的东西，然后看看会有什么危险。通过这种方式，你就可以面对让你害怕和紧张的来源。得克萨斯大学的一项研究表明，克服焦虑最好的办法就是直接面对它的来源。忽视或逃避的做法，往往会导致更多焦虑的产生。因此，如果你因为焦虑而不敢坐飞机，那么你就咬紧牙关面对它，去尝试乘坐。如果你因为在公共场合讲话而感到焦虑，那么你就尽力去做个演讲。你不必乘飞机去环游世界或者来个千人演讲，从小事做起即可。你可以来一次短途飞行，或者就你熟悉的话题在一个小组内试着发表演讲。

悲伤

悲伤这种情绪提示的信息与焦虑这种情绪提示的信息是不一样的。当我们面临重大的丧失，比如亲人死亡、被解雇或人际关系破裂时，我们就会感到悲伤。悲伤情绪与临床抑郁症不同，临床抑郁症的特点是出现一系列症状，比如忧郁、失眠、绝望感、无价值感、冷漠、对原来感兴趣的事物兴趣减退、性欲下降、食欲不振或食欲大增，并且症状持续两周以上。尽管悲伤可能是临床抑郁症的症状之一，但它也是一种正常的人类情绪。只要你的生活能正常运转，并且你的悲伤能随着时间的推移而慢慢缓解直至消失，那么你得的就不是抑郁症。悲伤的关键是存在重大丧失。有时，我们害怕承认悲伤的原因，比如我们不想承认是前任的离开伤害了我们；有时，我们会为悲伤找一些表面原因，比如天气又阴又冷，却没有认真思考到底有什么重大丧失。

内疚

当我们做了错事时，我们并不会感到内疚；当我们认为自己做了错事时，我们才会感到内疚。它传达给我们这样的信息：内疚就是我们认为自己违反了道德准则。我们来看看这个例子，在一个阳光明媚的周日早晨，海面风平浪静，两个人来到海边垂钓。一个人正在享受碧海蓝天带来的美好，而另一个人却心怀内疚，烦躁不安，他觉得自己违反了道德准则。这个人之所以内疚，是因为他出生且成长的家庭要求他每周日早上必须去教堂做礼拜。因此，他认为自己做了错事，正是这种看法而不是他的实际行为让他产生了内疚感。

内疚感可以帮助我们审视自己的道德观是否正确。案例中的这个人就剥夺了自己在惬意的环境中度过周日早晨的乐趣。如果他想一想自己的道德观，并且觉得它是正确的，那么他就应该改变自己的行为，每周日去教堂做礼拜。但是，如果他发现这种道德观是严苛教育下养成的结果，是一种假象，那么他就应该调整自己的道德观，容许自己享受周日垂钓的乐趣。

为了让我们实实在在地感受内疚这种情绪，也为了让我们能根据一定的道德准则来做出选择，我们必须先学会区分正确与错误。当我们违反这种常识和准则时，我们就会体验到内疚的感觉。有些人无时无刻不处在内疚之中，他们对周围的一切都感到内疚，仿佛他们对天气、经济和交通都要负责。而另一些人，哪怕盗窃了公司财产，甚至犯下了谋杀罪，也不会感到内疚。因此，并不是一个人的行为使他感到内疚，促使内疚感产生的是他的信念和信念系统。

那些对所有事情都感到内疚的人，往往在年幼时就被教导要对某些事件，以及他人的感受和行为负责。他们可能会因为自己无法控制外部事件而受到指责，并因此学会了过度警惕。因此，他们的整个人生都充斥着不合理信念，他们认为自己对所有事都要操心和负责。与之相对的另一个极端是反社会人格者，也就是一些从不顾及他人而违法犯罪的人。他们认为，所有人的生命都是他自身生命的延伸，他们享受着操纵他人生命而带来的快感。反社会人格者对他人从未有过悔意、内疚或同情。

恐慌

人们常常把惊恐发作的感觉比作濒死感，以及心脏病发作时的感觉。他们注意到的症状有：胸口发紧、心跳加速、呼吸急促、四肢发麻、膝盖发软、对光线和声音极其敏感、胃肠道紊乱、非常强烈地想要离开某些地方或者逃避某些经历。惊恐发作也叫惊恐性焦虑发作。很大一部分人饱受惊恐发作的困扰，它是我们社会中一个非常常见的问题。惊恐障碍是指在一个月内有两到三次惊恐发作，并且（或者）患者一直为惊恐发作而担忧。尽管有些人需要服用镇静剂或抗抑郁药来应对惊恐发作，但我们发现，当人们了解了惊恐发作所反映的信息，比如受困、失控时，他们是可以控制这种强烈的情绪反应的。这就是惊恐发作带给我们的核心信息，而我们的来访者都曾经向我们表示，在惊恐发作前，他们确实都产生过这种陷入困境或失去控制的感受。

例如，有一位从未经历过惊恐发作的医生正在潜水，对他来说，这次潜水是一次愉快的冒险。然而当他进入一个洞穴，探索水下的海洋生物时，他表现出了惊恐发作的症状。导致他惊恐发作的因素不是他在洞穴里看到了什么，而是他没能顺利找到出口。另一位 60 多岁的老先生在一次心脏手术中表现出了他人生中第一次惊恐发作。在这次手术中，有一台沉重的机器压在他的胸口上，机器靠得太近了，这让他感觉不舒服。当他发现房间里没有别人，并且他觉得自己无法移开机器时，他经历了第一次惊恐发作。

然而，陷入困境、感觉力不从心，并不仅仅是由某些物理因素导致的。一位男子在他退休之后因反复的惊恐发作而住院，而他在退休之前从未经历过惊恐发作。按照妻子的意愿，他卖掉了位于芝加哥的房子，在佛罗里达州重新购置了一套房产。虽然他本人非常讨厌佛罗里达州的生活，但是他一点办法也没有。他感觉力不从心，陷入了困境，并最终表现出了惊恐发作。我们可能都会注意到一点，那就是无论在杂货店里排着长队等待付款，还是在拥挤的电影院里发现周围座无虚席，都会让人们产生焦虑和恐慌。同时，餐厅里没有便捷的逃生出口、飞机遇到气流以及交通堵塞，对那些遭遇过惊恐障碍的人来说都存在威胁。

了解了这背后的心理机制，人们就可以有效地应对惊恐发作。我们不要认为它是无端发生的，或者它是压力太大的结果，而要明白是什么让我们陷入了困境，并意识到这种情况只是暂时的，并不会对我们造成太大威胁。这要比采取逃避的方式更能有效地处理这种情感混乱。逃避引发惊恐发作的环境可能会让我们获得暂时的安宁，但这种逃避的行为并不是解决惊恐发作的长久之计。相反，由于没有重视核心情感信息，惊恐发作会不断来袭。

愤怒

愤怒的产生表面上看起来很简单。我们都知道生活中哪些人最容易让我们生气，比如我们的孩子、伴侣、父母或老板，我们也知道他们做了什么会让我们生气，比如无视我们，命令我们，等等。虽然我们不知道愤怒这种情绪在告诉我们什么，但这却是我们必须要了解的。愤怒往往来自被冒犯的感受。例如，如果我们开车时有人在前面加塞，我们就会对这个司机感到愤怒。同样，如果有人未经允许就翻阅我们的日记，或者泄露我们的隐私，我们也会感到愤怒。

还有一种情况会导致愤怒，那就是当我们的期望落空的时候，也就是说，当我们期望有好事发生，最后却不能如愿时，我们就可能会感到愤怒。例如，如果有的人特别期待在阳光明媚的日子里享受生活的乐趣和美好，结果一周七天当中有六天都阴雨连绵，那么他们就会很愤怒。如果有的人期待送出结婚礼物之后能收到新人的感谢信、在周年纪念日能收到祝福鲜花，或者在工作满一年后能升职加薪，那么当这些期望没有得到满足时，他们就会非常愤怒。

偶尔生一下气，这种情况是正常的，但不断地发脾气（频率）、进行言语或人身攻击（强度）、愤怒持续了数小时而非几分钟（持续时间），这种情况就不正常了，这会让你难以维持良好的人际关系。一般来说，极度愤怒的人总是会找借口，他们会把自己的愤怒归咎于他人和情境。他们一直都不明白，真正让他们愤怒的原因来自内部，而不是外部。正是他们对这些外在因素的看法导致了他们的愤怒。当他们认为自己被冒犯时，比如朋友在跟他打网球比赛时没有做到公平竞争，商业伙伴在他承诺的日期前没有交付项目时，他们就会被激怒。

当我们的愤怒达到顶点时，试图通过调节行为的方法来控制这种强烈的情绪是没有用的。更有效的方式是要了解你内心脆弱的方面，并学会以不同的方式看待它们，这样一来，你就可以在第一时间防止愤怒的情绪爆发。

除了这 5 种情绪外，还有其他类别的情绪，但我们的目标是始终要掌握一点，那就是某种情绪是如何基于我们对现实的感知而产生的。例如：

※ 当我们认为自己不如某人，并且无法接受这种自卑时，嫉妒就会出现。

※ 当我们认为自己很差或没有价值时，羞耻就会袭来。

※ 当我们认为自己完成了某些重要的事情时，骄傲就会充斥我们的内心。

这些情绪的发生看上去都非常简单，但是我们很容易忘记一点，那就是日常冲突导致的情绪都始于感知。当我们忽略了感知在引发情绪方面所起的作用，我们就会做出伤害自己或他人的行为。

5. 情绪有 3 种不同的表现形式

情绪有 3 个基本要素。如果要完全理解我们的感受，那么我们需要考虑情绪的 3 个方面：主观体验（感受）、生理表现（生物学变化）、行为表现（我们的语言和行动）。

第一，我们的感受是我们对世界产生的主观的、个体化的、私人化的体验。我们常常用语言当作参照物，并根据我们的历史经验，把我们对事件的心理反应及生理反应贴上标签。例如，你和你的伴侣一起看了一部电影，你可能会觉得这部电影趣味低级，而你的伴侣却觉得它让人心灵悸动。即使对方是你的伴侣，你也不能期望对方和你在看待同一事物时有同样的感受。也许你们会有一些相同的感觉，但如果你认可感受是主观体验，它们会以不同的方式表达出来，那么你们的关系就会好得多。在这种情况下，当别人的感受和你的感受不一样时，你就不会感到反感了。俗话说，丰富多彩才是生活的情趣所在。我们之所以有不同的观点，是因为我们的立场有所不同。

第二，我们的情绪可以从生理学层面来解释。情绪这个词来自拉丁文“emovere”，它的原意是活动、搅动、骚动或扰动。情绪不仅仅是一种心理状态，它还与一系列复杂的身体反应有关，包括激素释放、血流增加和大脑神经元放电。这些生理学方面的改变与交感神经和副交感神经有关。交感神经负责调动身体的行动：大脑发出的神经冲动传导到脊髓，再到达人体的各个器官。副交感神经负责保存能量和资源。当我们面对压力情境时，交感神经在战斗或逃跑反应中发挥着重要作用。这种内在活动会引发一系列生理变化，比如瞳孔放大、出汗、心率加快和口干。位于肾脏上方的肾上腺会分泌肾上腺素，导致肺部气管扩张（呼吸变浅变快），心率加快（心脏在胸腔狂跳），血压升高，消化过程减慢。

我们可以把它看作身体的独立应急系统。当我们感觉到某些事情非常可怕时，比如在一条黑暗的无人街道上听到身后的脚步声时，我们的身体就会随时准备好要逃跑。如果这些脚步声步步紧逼，迫使我们不得不面对可能发生的冲突，这些内在变化也会随时让我们做好战斗准备。请注意，此时流向主要肌肉群，比如手臂、双腿、背部和胸部的血流会增加，以便为我们战斗或逃跑做好准备。在生死攸关之时，人体的其他部分，比如消化系统和生殖系统就显得不那么重要了。因此，在长期的压力下，肠胃不能好好消化食物，性活动和性功能也会大受影响。当我们感知到的威胁已经消退，并且不再需要我们做出战斗或逃跑反应时，中枢神经系统的副交感神经会使身体恢复平静或平衡，呼吸频率、心率和血压也恢复如常，这种状态被称为内稳态。

大脑的边缘系统，特别是杏仁核与战斗或逃跑反应有关。大脑的前额叶皮层，则与不那么强烈的情绪有关，这种情绪并非是由我们感知到的威胁所导致的。但是，无论是前额叶皮层还是杏仁核，任何一个区域的损伤都会使我们丧失理解情绪、表达情绪和控制情绪的能力。

为什么这些都那么重要？因为你可能并没有意识到情绪对身体状况有多大影响，反之亦然。因此，当压力导致男性阳痿时，他们可能会变得非常沮丧；而当压力导致女性消化困难时，她们可能会变得烦躁不安。如果我们总是无法控制愤怒，那么这可能与心脏疾病和某些癌症的发作有关。如果我们一直处在痛苦和悲伤中，这可能会使我们的身体产生免疫抑制，导致我们抵御疾病的能力下降、工作效率降低、患上抑郁症甚至出现自杀行为。虽然人们在口头上承认身心是相通的，但他们在自己的生活中往往没有认识到生理与心理之间这种重要的关系。你可以把身体看作一个敏感而精密的警告系统。如果你感到疲倦，如果你的某些机体功能有所减退，或者如果你觉得头痛，也许是你的身体正在向你发出警告，提醒你有关情绪状态的某些信息。

第三，你的情绪能驱动你的某些行为。当我们大笑、吼叫、哭泣、微笑、讽刺挖苦或攻击他人时，这些行为都是情绪产生的结果。行为非常明显地表达了我们的情绪，它不仅是一种非常好的交流工具，它还是缓解这种情绪压力的方式。如果我们的幸福感“爆棚”，那么我们需要大笑，并忍不住手舞足蹈。如果我们内心充满悲伤，那么我们需要大哭一场。这种释放不仅能帮助我们自身，还能让别人知道我们的感受。通过这种方式，他人会在我们的庆祝活动中与我们共同分享喜悦；当我们感到悲伤时，我们也可以接受他人的善意和安抚。

如果你试图将自己的情绪和行为割裂开来，比如不按自己的感受来行事，那么你就不会成为一个特别快乐或者容易满足的人。仅仅只是口头上说自己很高兴或者很悲伤是不够的，我们所有人都需要用行为来表达感受。为了充分理解和体验自己的情绪，我们需要把主观体验、生理表现和行为表现结合起来。如果我们能理解感受的主观性，能认识到情绪带来的生理改变，并通过行为将它们表达出来，那么我们的社会功能就会更健全，我们也会更加喜欢自己。在第 2 章，我们将进一步讨论如何控制这些行为。

练 习

本章的心理学真相与我们如何了解自己的情绪有关。我们试图揭开某些常见情绪，比如焦虑、愤怒和悲伤的神秘面纱。希望你现在能更好地理解为什么自己会有这样的感受，以及这些感受意味着什么。为了帮助你把这些知识应用到生活中，我们开发了 4 个练习。

◎ 练习 1——你有什么感受

这个练习的目的是让你了解自己的整个情绪谱系。你可能没有意识到自己的情绪范围有多广，因此，这些问题会让你认识到这一点。如果某个问题不太适合你，比如你从来没有经历过宠物的死亡，那么你就可以想象一下，假如发生了这件事，你会有什么样的感受？

1. 当你最好的朋友搬走时，你的感受如何？

2. 当你考了全班最高分时，你的感受如何？

3. 当你的宠物狗或宠物猫去世时，你的感受是什么？

4. 当你的父母吵架时，你有什么感受？

5. 当你并没有做某事却被诬陷时，你有什么感受？

6. 当一个朋友泄露了你的秘密时，你有什么感受？

7. 当其他人不让你加入他们的小团体时，你的感受如何？

8. 当你在工作中晋升时，你的感受如何？

9. 当你的父亲喝醉了，而此时你的朋友刚好来你家拜访，你有什么感受？

10. 当你在自己最喜欢的地方度假时，你感受如何？

11. 当有人威胁要伤害你时，你的感受如何？

12. 当某个你认识的人造谣中伤你时，你有什么感受？

13. 当你的家人和朋友到医院探望你时，你有什么感受？

14. 当父母没做到答应你的事时，你的感觉如受？

15. 当父母把你跟其他孩子进行比较时，你有什么感受？

16. 当没有人挑选你加入他们的团队时，你的感受如何？

17. 当所有的努力都得到回报时，你的感受如何？

18. 当应聘上你想要的工作时，你的感受如何?

19. 当想到你的母亲时，你的感受如何?

20. 当所爱之人让你失望时，你有什么感受?

21. 当你总是会有一些不好的想法时，你的感受如何?

22. 当你完成了一场比赛时，你的感受如何?

◎ 练习 2——是什么导致你有这种感受

理解你的感受意味着透过表面深入挖掘引发这些感受的原因。你可以在画线的空白处填写产生所列情绪的某个具体事件或情境：

1. 当我________________的时候，我会感到激动。
2. 当我________________的时候，我会感到悲伤。
3. 当我________________的时候，我会感到尴尬。
4. 当我________________的时候，我会感到紧张。
5. 当我________________的时候，我会感到嫉妒。
6. 当我________________的时候，我会感到快乐。
7. 当我________________的时候，我会感到沮丧。
8. 当我________________的时候，我会感到忧虑。
9. 当我________________的时候，我会感到不安。
10. 当我________________的时候，我会感到困惑。
11. 当我________________的时候，我会感到被爱。
12. 当我________________的时候，我会失去兴趣。
13. 当我________________的时候，我会感到自豪。
14. 当我________________的时候，我会感到烦躁。

15. 当我________________的时候，我会变得愤怒。

◎ 练习 3——了解愤怒背后的原因

愤怒是一种次级情绪。它之所以产生是因为发生了你不期望发生的事情，或者没有发生你期望发生的事情。通过下面这个练习，你可以找出自己愤怒的原因，而不是沉浸在这种负面情绪中。你可以在画线的空白处填写与你最近的情绪有关的事情或情境，并描述你为什么会有这样的感受：

因为____________________，我觉得非常愤怒。

因为____________________，我特别讨厌他。

因为____________________，我简直要气死了。

当____________________的时候，我感到非常受挫。

我简直不敢相信，你竟然____________________________________。

因为你____________________，我一直很难过。

◎ 练习 4——你最重要的 5 项情感投资

在表格空白处填上你最重要的 5 项情感投资，并写下你能想到的对这些投资的最大威胁。例如，你主要的情感投资都在你的伴侣身上，而对这项投资的最大威胁可能是离婚。这个练习将有助于你厘清，从情感上来说什么是对你真正重要的东西，以及什么样的“未知事件”最让你感到焦虑。

序号	投资	威胁
1		
2		
3		
4		
5		

第2章

只有改变想法并说出感受，你才能摆脱强迫行为

左右你命运的，不是机遇，而是选择。

——琴·尼德契

现在你已经意识到，情绪是可以被理解的，甚至在某种程度上是可以被控制的，而且你可能想知道，是否真的有可能改变这些情绪产生的行为。想一想，当你感到极度悲伤或异常愤怒时，你会怎么做。如果你非常难过，那么你可能就会坐下来，看各种各样无聊的电视节目。当你特别生气时，你可能会对自己在乎的人进行言语辱骂或身体虐待。此外，你还有可能采取自我毁灭的行为。虽然你知道这些行为会适得其反，虽然你想阻止它们，但是你的情绪十分强烈，这些坏情绪把你牢牢抓住，使你出现了难以抑制的强迫性行为反应。

其实，我们很多人都有强迫行为。难过时我们可能会借酒消愁，喝得酩酊大醉；焦虑时我们可能会不断地吞云吐雾，烟一根接一根地抽；生气时我们可能会大发雷霆、勃然大怒。这些强迫行为可以有很多种形式，但它们都是由强烈的情绪状态所引发。45 岁的萨拉从小就被父母遗弃。在她 7 岁的时候，一位男性亲戚对她实施了性侵。由于这些经历，萨拉一直感到羞愧、恐惧，并且表现得脆弱而敏感，她很容易受到男性的伤害。为了处理这些强烈的感受，萨拉发展出了一种强迫行为。具体来说，萨拉患上了强迫性进食障碍。如果她遭到丈夫的否定，或者她的孩子违抗她，或者男上司批评她的工作表现，那么她就会不自觉地吃一大包饼干以寻求安慰。当萨拉感到自己没有价值、无能或不被爱时，她就会吃很多食物来安抚自己的情绪和内心。

好，我们一会再来看萨拉的案例。现在我们已经意识到，摆脱强迫行为的恶性循环是可能的。很幸运，强迫症和焦虑症都不是绝症。虽然它们可能会让你的头脑充斥着不安的想法，但它们不一定会控制你的行为。如果你了解了是什么样的情绪引发了这些行为，知道了它们是如何且为何导致你有这样特定的行为方式，那么你就可以学会控制它们。

强迫行为：短期缓解，长期危害

当你有强迫行为时，你所做的事情会改变你的情绪状态，这似乎是为了让你的情绪更好一点，但是，这些强迫行为最终会导致更严重的问题。例如，当你忍不住去玩电子游戏或看电视时，你选择逃避到虚拟世界，将注意力集中在电视节目中的人物身上，这可能会缓解你眼前的焦虑。然而，从长远来看，这种强迫行为可能会妨碍你处理焦虑的真正来源。某些人身上会有一股强大的驱动力，这迫使他们做出强迫行为，最终可能会导致严重后果。萨拉有可能想通过进食来获得情绪上的修复，从而暂时缓解人际关系给她带来的痛苦。我们需要了解这些强迫行为是如何产生影响的，因为这会帮助我们学会改变情绪，让我们不再陷入某些难以抑制的强迫行为。强迫行为具有以下几个特点。

1. 强迫行为会改变我们的感受

强迫行为可以帮助我们感受我们想感受的东西，以及阻止我们感受我们不想感受的东西。有人会从一场紧张的工作会议中离开去抽根烟，他们之所以这么做是因为他们想缓解会议产生的高压，用一种更放松的感觉来代替紧张。只要我们想抛开工作期间的一些压力和挫折，我们一般都会参加一些娱乐性聚会活动，以便度过一段快乐时光。例如，上班族有时会在下班后去酒吧小酌一杯，这是下班后直接回家永远不会有的感觉。

每个人都会出现一些符合其特定需求、生活方式和基因构成的强迫行为。例如，我的一个取得了很高成就的来访者告诉我，他会用雪茄点燃蜡烛的两端。而萨拉选择强迫进食，其中一部分原因是，她认为，如果自己的体重增加了，那么她对男性的吸引力就会降低，而自己的吸引力越小，她就越安全，从而不会受到男性的恶意骚扰。如果父母过度保护子女，那么子女长大后就更有可能成为强迫性冒险者，在人际关系和工作上都可能会表现出强迫行为。

2. 强迫行为只能起到暂时缓解作用

我还没见过一个抽香蕉皮会上瘾的来访者。也许有些人在绝望或好奇心的驱使下会尝试这种行为，但我无法想象有人会沉迷于此。因此，抽香蕉皮对人们来说不是什么问题，因为它不会产生任何影响。我们既不会因为吸食香蕉皮而感到兴奋，也不会因此忘记自己的问题。相反，毒品和酒精却能让人暂时逃离现实世界。但是，吸食毒品和滥用酒精会导致各种严重问题。当一种行为满足了某种需要，它就有可能持续下去，人们就会不断重复那些起缓解作用的行为。

内啡肽是一种可以改变情绪的物质，它能刺激大脑的快乐中枢。当内啡肽大量释放时，我们会产生欣快的感觉。慢跑爱好者称，跑步的过程会促进内啡肽的释放，从而导致所谓的“跑步者高潮”。大脑中的这些化学反应给人们带来了短暂的愉悦感，使人们暂时逃离了压力。很多行为都能暂时抚慰情绪痛苦。

对某些人来说，购物可以让他们获得暂时的解脱。这种购物不是偶尔去商店买个东西，而是长期、频繁、强迫性地去购买某种特定的物品或者任何东西。定期购物能让他们平静下来，分散他们的注意力，让他们不再深陷情感伤害所导致的痛苦情绪，从而能让他们专注于其他事情。每一次购物都会让他们有一种成就感，有一种可以掌控生活的感觉。其他强迫行为还包括上网、玩电子游戏或者在空闲时间关注明星等。所有这些行为都可以起到缓解情绪的作用，但它们只在一段时间内有效，长期来看会适得其反，最终会导致负面情绪持续存在，甚至加重。

3. 尽管有负面后果，但强迫行为会一直持续

萨拉很清楚，她的体重超了 100 多斤。面对医生的善意提醒，她说："我知道，我知道，我需要减肥。" 吸烟者也能意识到吸烟有害健康。嗜赌成癖的赌徒尽管已经经历了破产、止赎和关系破裂的痛苦，但他们仍欲罢不能，想要博一回大的，期望能一次回本。有人疯狂购物，为他们根本付不起的东西刷爆信用卡；有人浪费大量时间看电视，以逃避做家庭作业、寻找工作、锻炼身体或任何有意义的事情。

为什么人们会不顾这些负面后果而沉迷于这些行为？这个

问题多年来一直困扰着研究人员和临床医生。答案可能与你的想法恰恰相反，这并不是因为他们意志薄弱或缺乏意志力。大多数人都知道每周花 20 个小时购物对他们没有好处，而且他们有时会试图减少或停止这种行为。但是，尽管他们付出了巨大努力，却常常无法停止强迫行为。这是因为他们已经对这种行为产生了生理上或心理上的依赖，而这种依赖又转变成了其他的东西，进一步加强了它对人的控制和影响。

4. 强迫行为有自己的运作机理

国际知名心理学家戈登·奥尔波特提出了“机能自主”这一概念。这个术语的意思是，某些行为因某种原因而开始，随后发展出必要的自主性，最初的动机消失后，这些行为还会继续。例如，为了显得合群，一个女孩在她 13 岁时开始吸烟。到了 46 岁时，她仍在抽烟，但这时的她已经不是出于原来的动机。（让人感到讽刺的一点是，她现在的中年同伴们都在戒烟，这给她带来了比少年时期更大的压力，过去是为了合群而吸烟，现在是为了合群而戒烟。）她之所以仍在吸烟，是因为这种行为有它自己的运作机理。她在生理上对尼古丁成瘾，在心理上依赖尼古丁的减压功能，她享受着吸烟带来的愉悦以及在数小时戒烟后用香烟奖励自己的快感。

尽管她不需要再为了耍酷或合群而吸烟，但她还是把自己看作一个吸烟者。如果让她用字典中的词语来定义自己，那么她可能会说自己是“烟民”。

人们总是会用类似的词语来形容自己，比如购物狂、布粉（布拉德·皮特的粉丝）、电竞玩家、健身达人等。起初，这些行为有助于减轻不适或痛苦的感觉，但随着时间的推移，这种作用便微乎其微了。当你用强迫行为定义自己的人格特质时，你就很难戒断它们了。

5. 强迫行为一般有规律可循

如果你想打破强迫行为对你的控制，那么你就需要认识它的运作原理。约翰斯·霍普金斯大学精神病学系主任保罗·麦克休博士提出，强迫行为属于动机行为的范畴，可循环出现，其行为方式是可预知的。动机行为的周期包括 4 个阶段，只要我们了解了这个过程是如何运作的，就可以削弱它们的控制力量。一旦你把具体的行为嵌入下面的 4 阶段模型，你就会知道它们是如何发展的，以及你可以在哪一步进行干预。你将意识到自己为什么会出现这些行为，以及它们是如何起到了短期缓解作用，你会因此看到自己是如何陷入这个循环的：

现在，让我们看看萨拉的强迫性进食障碍在这 4 个阶段中是如何发展的：

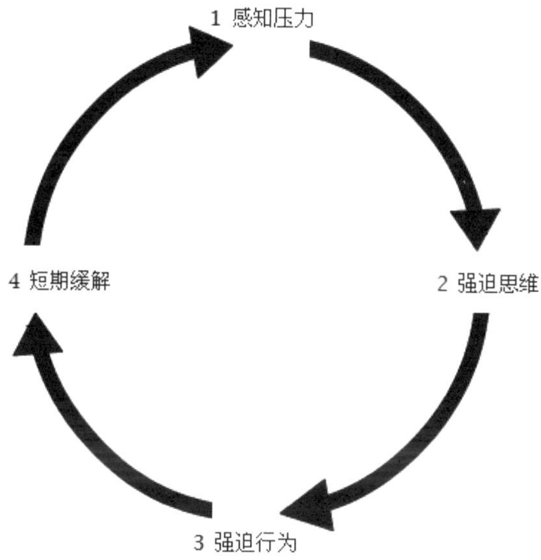

第 1 阶段：感知压力。在这一阶段，萨拉认为她生活中的一些外部事件给她带来了压力，比如他人不认可自己、他人无法控制情绪。这既可能来自丈夫对她的冷漠、疏远和打击，也可能来自孩子对她的冒犯以及孩子表现出来的叛逆。

第 2 阶段：强迫思维。在这一阶段，萨拉开始与自己的内心对话，而她经常意识不到这一点。她的想法和自我评价总是围绕着她的失控，从而导致了她进一步的自我否定。如果她没有采取合适的长期策略来处理她感知压力的方式或消极的想法，那么她就不得不采取一种短期回避策略，具体来说就是暴饮暴食。

第 3 阶段：强迫行为。萨拉可以在短时间内通过暴饮暴食缓解她的生活压力，减少她的内心痛苦。她已经尝到了食物让人放松的甜头，也就是暴饮暴食给她带来的饱腹感和满足感。食物提供了一种奖励，让她可以暂时逃避紧张的生活。由于这种不健康的选择得到了短暂的反馈，因此她没有动力去发展更多长期有效的解决方案，从而无法很好地解决生活环境给她带来的种种问题。

第 4 阶段：短期缓解。当萨拉进入这个阶段时，她的消极想法减少了，内心也不那么紧张了，就目前而言，她的生活似乎好了一些。但是，当你对自己或者他人发誓，以后再也不表现出某种堕落行为却破戒的时候，你的内心也会无比自责和内疚。然而，如果没有长久的解决方法，那么这种动机循环就会再次重复。暴饮暴食不能无限期地延缓萨拉的情绪痛苦或挫败感。它只是短期的缓解方案，而不是长期的解决方案。萨拉在暴饮暴食后所经历的内疚、羞耻和自我鄙视，很可能会驱使她回到循环的起点。

打破循环：从强迫行为到产生真正的情绪改变的 3 种方法

你可以想一想某种自己特别喜欢重复的行为，也许你的亲朋好友会问你："你为什么喜欢这样做呢？" 你可能说不清楚原因，但真正的答案是，它能缓解你的情绪痛苦。这实际上是一种心理麻醉，但是，它的作用很快就会消失，而且你对它也会产生越来越强的耐受性。出于这个原因，你可以考虑采用 3 种替代方法，在不采取强迫行为的情况下改变你的情绪。毫无疑问，萨拉一开始并没有寻求除食物以外的替代方法。因为扫荡完一大袋薯片或吃完一整盒冰激凌能让她不再难过，并变得快乐许多，所以萨拉对其他方法并不感兴趣。只有当她超重 100 多斤，每个人都喋喋不休地让她停止暴饮暴食，并警告她说"这样不健康"时，她才会有更大的动力去尝试其他的东西。显然，你不必让自己到这个地步。相反，你可以通过以下 3 种方法的其中一种或多种来改变你的感受，尽早处理你的强迫行为。这 3 种方法分别是：服用化学药物、调节感觉运动系统和转换认知。

1. 服用化学药物

众所周知，我们可以通过服用化学药物来改变我们的感受。西方文化经常强调，没有痛苦或不适才是幸福完美的生活。非处方药几乎可以用于治疗所有的疾病，药品生产企业经常宣传某药疗效快。我们中的一些人会觉得，只要吃了这颗小药丸，所有的问题就会消失。常见的改变情绪的物质包括中枢神经系统抑制剂、抗抑郁药和麻醉剂。有充分证据表明，生化干预非常有效，而且它往往是改变情绪的最快捷的方法。它们在临床治疗上通常是很有必要的，而且有助于患者康复。例如，对那些患有双相情感障碍的人来说，治疗方案通常包括服用稳定情绪的药物。仿佛使用药物是天经地义的一件事，只有药物滥用才会产生问题。

然而，现实情况是，每当我们转而向外寻求资源来解决问题时，我们就会形成一种心态，认为如果没有外部指导，我们就无法实现预期的结果。这样一来，我们就会越来越不明智，适应能力越来越差，也越来越无法有效地掌握我们的生活。因此，尽管生化手段在某些情况下比较适用，但它有严重的弊端，你还是应该多斟酌考虑。萨拉可以通过服用减肥药来控制她的暴饮暴食，但这可能不是一个比暴饮暴食更好的解决办法。她只是把她对食物的依赖转移到了减肥药上，却没有真正有效地处理她的强迫行为背后的情绪。我们相信，在大多数情况下，生化干预不应该是首选的治疗方法，我们应该先尝试行为疗法。只有当病情严重且其他方法不奏效时，才应进行药物治疗。

2. 调节感觉运动系统

改变情绪的另一种方式是调节感觉运动系统。也就是说，我们可以通过笑、哭、跑、跳、叫喊或者单纯的放松来使情绪发生变化。如果使用得当，那么这种方法是非常有效的。在处理创伤以及悲伤的情绪时，酣畅淋漓地大哭一场可以起到很好的宣泄作用。例如，萨拉学会了通过眼泪来表达她作为一名女性因遭受生理伤害而产生的痛苦。压抑的情绪一旦释放，反复出现的羞耻感和自卑感就会减少。为了减轻体重，萨拉常常会快步走或游泳，这些活动改变了她的情绪状态，不仅因为它们有助于减肥，还因为它们会通过调节内啡肽的分泌带来一种力量感、控制感和幸福感。通过调节感觉运动系统来改变情绪的另一个例子是通过听轻音乐来平息焦虑，当然，你也可以通过冥想或练瑜伽来舒缓压力。

多年来，我们已经意识到通过倾诉来表达情绪的好处，倾诉对象可以是我们信赖的亲戚、朋友或治疗师。这一点已经得到了研究支持。2003 年发表于《科学》杂志上的一项研究称，心理学家马修·利伯曼博士发现，用语言表达情绪会改变大脑活动，从而减少情绪痛苦和困扰。如果你曾经表达过自己的感受，那么你可能已经以某种方式放大了这些情绪。当你谈到父亲在你小时候如何羞辱你时，你可能会发现自己在号叫、捶墙、哭闹，或者做其他任何事情来放大你的感受，或者把你的情绪大肆渲染一番。叫喊、哭闹或者用拳头砸墙可能会让你感到害怕，因为你的行为正在失控，但它也会让你有解脱感和权力感。但是，如果你发现自己不断以这种方式放大自己的情绪，那么你就要小心了。当你大声责备自己的孩子，让他别再招惹弟弟，他可能会服从，但你并没有处理好你自己作为父母的无能和挫败，这样一来，你们之间的亲子关系会越来越糟糕，因为你的孩子只会违心地服从你所谓的父母权威。而且，如果你在发泄情绪时开始砸东西，那么你也会伤害到自己或他人。

要想利用感觉运动系统来改变情绪，你必须找到正确的方法来表达自己。我们来看一个案例，一个叫吉尔的 11 岁女孩有严重的焦虑情绪，在试图缓解焦虑时她发现，只要在后院的蹦床上蹦跳，她的焦虑就会得到缓解。反复的跳跃也刺激了内啡肽的分泌，这与跑步、游泳或其他任何有氧活动所产生的效果是一样的。已有证据表明，体育锻炼可以减少焦虑和抑郁的症状。对于一些长期患有抑郁症或焦虑症的人来说，仅仅运动可能还不够。不过，我们的观点是，不应该低估人体感觉运动系统的潜在疗效。

3. 转换认知

现在，我们来介绍两种通过转换认知来改变情绪的方法。第一种方法是，你可以调整自己的心态。这并不是说你要彻底改变自己对某件事情的看法，相反，你可以在头脑中“改变认知通道”，把你的注意力从某个问题转移到另一个问题上。如果你对爱情过度敏感，总是认为自己找不到真爱，并且约会时总是感到口干舌燥、尴尬、笨拙，那么你不必突然改变想法，把自己看作魅力无限的人，因为这种彻底的认知转换是不现实的，很可能没有什么作用。调整心态的目的是让你远离惯性强迫思维，即使这种转变只是短暂改变。当你做出这种调整时，你就会有不一样的感受，而且感觉要好得多。

例如，吉姆是一家大公司的中层主管，他不断抱怨自己没有得到老板的赏识。最近，由于吉姆的晋升请求被拒绝，因此他经常陷入这种强迫性抱怨。在工作中，他会利用一切机会向自己信任的同事抱怨老板的不公。在家里，他也常常满腹牢骚。一天晚上，当着妻子的面，吉姆又再次抱怨，说老板没有提拔他，老板特别不公平。就在这时，他女儿的房间里突然传来一声巨响。吉姆急忙冲上楼梯，发现女儿半个身子被压在书柜下面，但她没有受伤。他赶紧把女儿拉出来，女儿知道自己没有受伤后可爱地傻笑了起来，他也不由得高兴和庆幸起来。这时他意识到，他的感受经历了一系列转变：从痛苦到自怜，从害怕到松了一口气，从开心到感激。吉姆回到餐桌旁，告诉他的妻子，他为自己之前的牢骚和抱怨感到抱歉。在过去的几分钟里，他意识到自己对很多东西都心存感激。

这并不是说吉姆现在就认为他同事的晋升是公平的，其实，他仍然对此感到很难过，但是他已经改变了对这种情况的看法。他认识到，有一个健康可爱的女儿是多么幸运的一件事，因此，他的负面情绪得到了缓解。当他把注意力转移到女儿身上时，他的情绪也跟着转移了。他因此心怀感激，而不再抱着极大的委屈。我们由此得到的经验是：我们的注意力在哪里，我们的能量和感受就在哪里。这就是为什么心理学家总是建议，在激烈的争论中一定要有暂停，把注意力从对方的错误转移到其他东西上，无论是阅读杂志、看漫画还是洗衣服，它们都让我们有机会转移关注点，从而体会到不同的感受。这就打破了强迫行为的闭环，为触发这些行为的紧张情境提供了一个出口。

你可以通过很多种方法来调整自己的心态，从而暂时脱离强迫性模式。如果你有强迫情绪或抑郁情绪，那么你可以骑自行车去放松一下。如果你一直都很焦虑，那么你可以跟问题更严重的朋友聊聊天。如果你总是自怨自艾，那么你可以看一段脱口秀。关注点变了，感受自然就会变。也许你曾经这么做过，只是你自己没意识到。例如，堵车的时候，我们可能会播放车载音乐；特别沮丧的时候，我们可能会买买买；跟家人无法沟通的时候，我们可能会暂时不理会他们，转而去上上网。如果我们调整了心态，那么我们的情绪状态和行为方式也会发生改变，确切来说，是变得更好。

调整心态的做法在短期内有效，但说到长期的效果，我们更推荐远离不健康的思维模式的做法。这就是我们即将讨论的第二种方法。萨拉对自己的看法包括以下内容："我是一个没有价值的人，只要别人愿意，他们就可以肆意地利用我、侵犯我、欺负我。我没有得到家人的保护，因为我既不重要，也不值得关心。我一事无成。我从来不敢奢望什么，因为我既没有价值，也没有能力追求任何有价值的目标。我很胖，不受欢迎，别人不愿意与我交往。为了留住我生命中的几个人，我必须忍气吞声，任他们为所欲为，即使他们利用我，我也不敢反抗。我没有必要照顾自己的身体或打扮自己，因为这样做只会让我被更多男性侵犯和欺负。毕竟，我不值得被爱，只配被利用和被抛弃。”这种思维方式将萨拉禁锢在强迫性饮食障碍中。从理论上讲，在摆脱上述思维模式之前，她不可能改变自己的核心情绪，即抑郁和自怜。虽然心态的调整可能会在短期内帮助她摆脱这种情绪，但她极有可能在未来的某个时刻再次陷入这种情绪。

萨拉必须练习新的思维模式，并且要学会相信这些新的想法。她必须把思想集中在诸如以下的想法上：“我是一个有价值的人。我的生活是有意义且有价值的。我有能力走出童年创伤。侵犯者应该感到羞耻，但我作为受害者不应该感到羞耻。我的孩子需要一个情绪稳定且充满爱的母亲，而我有能力成为这样的母亲。我不需要成为完美的人，我是一个有爱心、善良且有责任心的人。”我知道这听起来似乎像《周六夜现场》节目中一个喜剧小品里的人物，他每天都通过正能量打卡的方式进行自我肯定：“我够优秀，我够聪明，真是该死，大家都这么喜欢我！”然而，在讽刺的背后，有这样一个真相：如果你竭尽全力采用新的想法，那么你就可以让自己学会以不同的方式思考。或者就像人们在匿名戒酒会里所说的一样，“假戏真做，就真的会做到”。

美国心理学家和社会学习理论家阿尔伯特·班杜拉提出了

“自我效能”这个概念，即我们如何利用自己的想法来改变自己的行为。班杜拉认为，自我效能感意味着个体知道某一特定行为会产生预期结果，并且会选择或表现出这种行为。因此，虽然你意识到自己需要停止与伴侣争吵，但如果你没有选择表现出这种行为，那么你就会陷入困境。因此，你需要调整认知或改变你对自己的看法，以便自己能表现出这种行为。也就是说，当你发现自己一直在进行负向归因（“她做错了，就应该被骂”）时，你就应该尽快调整，使用正向归因（“我需要冷静地与她进行积极沟通”）取代那种消极的心理暗示。

改变思维模式的做法可以大大影响你的感受。我（克里斯多夫）在读研究生的时候就认识到了这一点。我观看过一个舞台催眠秀，一名舞台催眠师会邀请几十位愿意接受催眠的志愿者上台，并试图引导他们进入催眠状态。那些已经进入催眠状态的人会被催眠师留在舞台上，其余的人则回到台下就座。一旦催眠师对这些志愿者的暗示性，即服从性有了信心，他就开始操控他们的信念，以及他们对现实的看法。例如，他会问哪些志愿者是带着配偶或约会对象来观看演出的。然后他说，从一数到三后，这些志愿者将走进观众席，找到他们的伴侣，并热情地亲吻他们。他们确实这样做了。当催眠师把这些志愿者带回舞台上并从一数到三时，催眠师告诉他们，他们肯定会记得这个吻，但与其亲吻的完全是个陌生人！我永远忘不了当时舞台上有两位女性的脸上露出惊恐的表情，其中一个含泪解释说："我丈夫会杀了我的！真的，我都不认识那个人！"催眠师迅速纠正了她的看法，她马上就不哭了，眼泪顿时化作笑声。

让我们把目光再次放到萨拉身上。她选择寻求治疗来处理她的情绪问题、行为问题和其他症状。为了摆脱强迫性饮食障碍，她不仅将我们在上面提到的 3 种方法都用了，还改变了对她自己的看法。萨拉一直在服用抗抑郁药，她已经学会了将童年创伤带给她的情感痛苦表达出来，同时她也进行了运动并学习了放松技巧。此外，我还鼓励她进行冥想，以改变她的情绪。最终，萨拉努力摆脱了她的非理性思维模式，以及这种思维模式所伴随的信念和态度，这种思维模式从童年起就一直支配着她。虽然萨拉还没有彻底摆脱强迫行为，但她已经取得了巨大的进步，尤其是已经知道自己是一个有价值、有责任感的人，并不断努力使自己知行合一。

探索背后的情绪

人们改变强迫行为的方式各不相同。统计表明，90% 以上的戒烟者是靠自己独立完成的——没有项目帮助，也没有临床医生的专业帮助。有些人只有在承认自己有问题时才会寻求项目的帮助，以便停止他们的强迫行为。最著名的项目是匿名戒酒会，它强调以一天一次的方式来改变行为、想法和生活的诸多方面。匿名戒酒会的“12 步自助法”已被用于治疗其他许多强迫行为及成瘾行为。其他项目计划一般需要治疗师或教练的协助来完成。

无论你选择独立解决自己的行为问题，还是选择争取别人的帮助，你都要处理潜在的情绪问题。这意味着你要改变你的思维，并解决你的核心情绪问题，这两点对有效处理强迫行为至关重要。当你转变思维模式时，你就会看到行为背后的潜在情绪。如果你想要解决问题，那么你就必须面对它们。例如，萨拉必须要处理并成功解决童年期就存在的创伤性情感问题，从而有机会改变自己与食物的关系。萨拉在寻求治疗的过程中回忆了自己的童年经历，她发现有 3 种潜在的情绪引发了她的强迫行为，这 3 种情绪分别是羞耻、恐惧和怨恨。这些情绪正是由负面的童年经历导致的，包括别人对她的忽视，以及言语上和身体上的虐待。所有这些情绪都在萨拉后来的生活中因创伤、失望、反复失败和拒绝而再次出现。

羞耻是一种普遍存在的信念和感受，你会认为自己很差劲或者毫无价值，这种情绪一般是由虐待导致的。被虐待的人可能会内化这样的信息："我很差劲，活该被虐待。"如果你认为自己很糟糕，那么你就更容易暴饮暴食、吸烟或服用危险药物，因为你只是在伤害一个毫无价值的人。这就跟司机驾驶一辆破旧的汽车一样：反正是破车，车漆上多一道划痕也不是什么大事。

恐惧会使人产生强迫行为，因为它提供了一种逃避方式，可以让人不用直面自己害怕的对象或情况。尽管恐惧在很多情况下是一种合理的情绪，但它很可能会成为我们处理生活中各种状况的本能反应，而这种反应是有害的。如果你认为自己软弱无能，那么你就会以一种可预知的恐惧反应和焦虑反应来面对生活。要做到用健康的自信取代恐惧，我们必须相信生活可以变得不同。然后，我们必须勇敢地面对长期存在的恐惧，并逐一战胜它们。我们可以用新的思维取代那些根深蒂固的既有信念，即自我怀疑、能力不足、运气不好等。

怨恨是强迫行为的导火索。一些专家认为，它是导致酗酒者复喝的首要原因。这种情绪状态也与心脏病、中风、抑郁症和焦虑症密切相关。充满怨恨的人会用改变情绪的强迫行为来消解自己的愤怒和仇恨，但这只能暂时性地缓解痛苦。购物、看电视、八卦闲聊和强制性锻炼都可以暂时缓解这种强烈的怨恨，并减轻情绪上的痛苦。但诸如酗酒等强迫行为则会助长怨恨，并最终导致愤怒和失控，而愤怒和失控同时出现是非常危险的。

尽管强迫行为可以暂时缓解情绪痛苦，但这些强烈的潜在情绪会再次浮现，为了应对它们，你就不得不增加强迫行为的强度和频率。这是一个不断升级的游戏，你一定会输。在某些时候，你受到的情绪伤害特别大，甚至已经到了无法用任何行为来掩盖的地步。你根本不能忽视这些潜在情绪，因此，我们要弄清楚是哪些情绪在助长你的强迫行为，并对其进行处理。例如，玛丽在戒烟时发现了自己隐藏多年的怨恨。她一直都对丈夫不满，而在过去的 35 年里，她把这些情绪都隐匿在吞云吐雾之中。为了继续保持戒烟状态，她需要一个计划，以便她能理解、表达和释放她对丈夫的怨恨和不满。一旦她纾解了心中充斥的情绪，毫无意义的强迫感受、强迫想法或强迫行为就无法禁锢她了。

现在让我们来关注一些练习，这些练习将帮助你改变自己的想法和随之而来的感受，从而改变你的强迫行为。

练 习

在本章中，我们学习了想法、感受与行为之间的关系。我们还了解到，情绪总是以不同的方式影响我们的生活。情绪既可以让你过上一种健康、充实的生活，也可以击垮你，让你做出一些丧失理智的选择和决定。

◎ 练习 1——征询意见

找一些支持你的家人和朋友，请他们就你的强迫行为提出意见。正如你所看到的那样，我们以 3 种不同的方式提到了这些行为。也许亲朋好友不一定认为你经常看电视是一种强迫行为，但他们可能会认为这是一种不健康的习惯。少数人可能已经意识到了自己的强迫行为，但大多数人可能已经对它们进行了合理化，认为它们是无害的活动。练习 1 将提醒你，你需要解决哪些问题行为。

姓名 ________

强迫行为 ________________________________

建议 ________________________________

姓名 ________

有害习惯 ________________________________

建议 ________________________________

姓名 ________

兴趣领域 ________________________________

建议 ________________________________

◎ 练习 2——复发监督

这项活动旨在帮助你监督那些导致你强迫行为复发的想法和情绪。你可能会成功地停止或减少自己的强迫行为，但随着时间的推移，你的强迫行为可能会再次出现，你还会对其进行合理化。用复发监督来密切关注意志力消失和强迫行为复现的关键点如下：

1. 你想改变哪些问题行为？

2. 当你在避免问题行为时，对你有帮助的内心活动有哪些？

3. 说明你的问题行为复现的时间。

4. 在戒断和复发之间发生了什么事件？

5. 列出你的问题行为复发的诱因，比如人、地方、压力、内心活动等。

6. 哪些情绪导致了你之前的几次复发？

7. 把你想改变的问题行为的回报和你想建立的理想行为的回报进行比较。

◎ 练习3——“思维改变”训练

对你来说，改变你的思维模式可能是一个挑战。

我们知道，一个人多年来的思维模式根深蒂固，因此，要想在这么长时间后转变这种思维模式需要极强的专注力和意志力。不仅如此，我们还需要时常练习。在这里，我们设计了一个简单的训练，希望能帮助你捕捉到自己错误的思维方式。正如你所看到的那样，我们希望你能更加深入地了解消极自我暗示与强迫行为之间的联系，然后用积极的自我暗示来取代负向归因。经常这样做的话，就会习惯成自然，最终养成新的思维模式。

情境 ________________________________

无益行为 ______________________________

负向归因 ______________________________

替代性积极自我暗示 ________________________

情境 ________________________________

无益行为 ______________________________

负向归因 ______________________________

替代性积极自我暗示 ________________________

情境 ________________________________

无益行为 ______________________________

负向归因 ______________________________

替代性积极自我暗示 ________________________

情境 ________________________________

无益行为 ______________________________

负向归因 ______________________________

替代性积极自我暗示 ________________________

◎ 练习 4——打破循环

强迫行为可以在短期内缓解你的负面情绪。虽然这些行为减轻了你的紧张感，但是它们并没有解决背后的根源。在这个练习中，我们提供了一个计划，以便阻止强迫思维和强迫行为的循环往复。通过揭示这个无意识的过程，你会更加了解自己的模式，并对压力情境进行主动反应，而不是被动应对。通过记录你的强迫思维和随后的行为，你就会逐渐打破强迫行为的循环。

第 1 步：在一个星期内，列出所有你出现侵入性强迫思维的时间，同时记录你随后的行为和两者之间的时间差。

第 2 步：一个星期后，增加你的反应时间。你的目标是延迟自己对想法的冲动反应，这样一来，你最终就能用更有计划性的反应来替代冲动反应。目前你可能无法彻底摆脱强迫思维，但你可以控制自己随后的行为。

第 3 步：接下来的每一周都继续增加你的强迫思维和行为之间的反应时间，直到你能很自然地做出有建设性的反应而不是冲动的反应。

	周日	周一	周二	周三	周四	周五	周六
想法							
行为							
替代性想法							
想法							
行为							
替代性想法							
想法							
行为							
替代性想法							
想法							
行为							
替代性想法							

第3章

每种行为背后往往都有我们意想不到的目的

我不会为自己无法控制的事情生气，如果无法控制，那么生气也没用；我也不会为自己能控制的事情生气，如果我能控制，那么生气又有什么用?

——米基·里弗斯

开始忧虑，信心全无；满怀信心，忧虑无踪。

——佚名

露丝已经 64 岁了，在过去的一年中，她养成了一个奇怪的习惯：购物。虽然购物是一种常见的习惯，但露丝的购物方式却令人担忧：她会花几个小时在商场买几千元的衣服，但在几天内就会把大部分甚至全部衣服退货。她最终不得不接受治疗。露丝开始意识到自己的行为不正常，她感觉自己是在无意识中被什么力量驱使着重复这种行为。虽然只是察觉到自己的行为不一定有治疗效果，但是只有了解了自己的行为，才能想方设法对症下药。露丝的行为实质上是在满足一种需要，否则她就不会出现这种行为。这里的真相是，行为有其潜在目的，确定这个目的可以让你摆脱有害行为的禁锢，从而以更加真实而有益的方式行事。

露丝这种异常的购物方式背后到底有什么目的呢？我们将在后面进行研究，现在先请你想一想以下几个问题：

※ 为什么一个人要花一个小时的时间，在网上连续观看任意节目？

※ 为什么一个母亲明知道对孩子进行唠叨会激怒他们并且让他们感到挫败，却还要这么做？

※ 为什么一个人明明非常渴求爱和亲密关系，却要与他的爱人和家人保持一定的距离？

※ 为什么一个棒球运动员多年来每场比赛都在他的队服里穿着同一件未清洗的、发臭的 T 恤？

尽管这些行为看起来很奇怪，但是每种行为都能满足这些人的某种需求。例如，棒球运动员之所以穿上那件破旧的 T 恤，是因为他觉得这件 T 恤是一种好运的象征，能让他赢得更多比赛。上网之所以能让某些人感到开心快乐，是因为上网能让人打发无聊时间，并带来一种兴奋感。从逻辑上讲，这些目的可能经不起推敲，但它们却满足了某些需求，尽管在外人看来这些需求十分荒唐、十分莫名其妙。如果一个行为没有得到强化，那么它就会逐渐消失。用行为学术语来说，这个行为就会消退。

因此，所有的行为在发生的时候，多多少少都是对我们有意义的，否则我们就不会这样去做。这并不意味着我们总是能了解这种行为所满足的特定需求，也许我们只知道自己必须这样做。

有目的的不良行为

想一想撒谎的心理动机。如果我们说出真相会产生不好的后果，那么我们就会撒谎；或者，正如马萨诸塞大学的心理学家罗伯特·费尔德曼博士所言："撒谎与自尊心有关。"他于2002年在《基础与应用社会心理学》杂志上发表的一篇文章表明，当人们感到自尊受到威胁时，他们撒谎的可能性更大。我们的同事吉尔·斯卡佩里尼博士讲了一个案例，揭示了撒谎的目的性以及这种行为通常在我们的生命中首次出现的时间。吉尔走进房间，她两岁的孩子大卫已经独自玩了大约5分钟。房间原本整洁有序，而现在书籍和玩具却散落一地，吉尔看到这一切，吓了一跳。敏锐的大卫察觉到了母亲的目光，然后用一个词形容了这个房间："凌乱。"作为一个心理学家，吉尔回应大卫："你觉得房间为什么会变成这样？"大卫停顿了一会儿，想想怎么回答比较好，结果他说："爷爷。"

现在想一想，人们为什么爱聊八卦说闲话。因为这样做可以抬高自己在群体中的地位。《女性的社会攻击》一文的作者玛丽昂·安德伍德博士认为，说闲话也可以是“一种对其他女性进行攻击的有效方式，而无须面临社会惩处”。

婚姻不忠也有超越肉体快乐的其他目的。贾尼丝·凯布尔于 2005 年在《工业》杂志上发表了一篇题为《我们的出轨之心：如何将不忠防患于未然》的文章。该文章指出，在调查对象中，22% 的已婚男性和 14% 的已婚女性在婚姻生活中至少有过一次外遇。她在文章中指出：“人们出轨是为了补偿他们在婚姻中缺失的情感成分，其中包括亲密性、关注度、吸引力等。人们之所以出轨是因为他们感到厌倦、愤怒或失落，这些原因既适用于男性也适用于女性。”

弗洛伊德的学生、国际知名的精神病学家阿尔弗雷德·阿德勒认为，儿童产生不良行为的原因有 4 个：寻求关注、争取权利、实施报复、假装无能。通常情况下，孩子不会主动地意识到这些目的，但父母最好能了解孩子不当行为背后的目的，以便做出恰当反应。

如你所见，行为从来都不是随机产生的，其背后的目的也不一定很明显。就像孩子们意识不到他们之所以表现得像个熊孩子，是因为他们渴望得到关注，成年人也不明白，他们之所以说闲话，是因为他们想在群体中赢得地位。

那么露丝是怎样一种状况呢？她能从自暴自弃式的不断购物和退换货的行为循环中得到什么？露丝的丈夫近期拒绝了她的性生活要求，这种断然拒绝让她非常痛苦，以至于她开始尽可能地回避丈夫。其中一种回避方式就是，她花了很多时间在家庭之外，其中就包括去商场购物。在那里，她发现了几个漂亮的女店员，露丝享受着她们的陪伴，有时一连几个小时都舍不得离开。她试穿衣服时受到的关注和赞美不仅令她欣慰，也消除了她在遭到丈夫拒绝之后对自己产生的一些负面看法。但是，当露丝回到家里，意识到她买了什么和花了多少钱后，她知道自己既不需要这些衣服，实际上也没有能力购买这么多东西。当她知道自己不会遇到同一批售货员时，她就会再去一趟商场，把买的大部分东西退掉。

由于丈夫拒绝了她的性生活要求，露丝感到备受嫌弃、一无是处。每当这些感觉降临到她身上时，她就会跑到商场，在那里接受赞美，这样一来，她既不用出现在丈夫面前，也逃避了那些会引起她痛苦感受的环境。当了解了露丝行为背后的目的之后，我们就会意识到，露丝需要处理她与她丈夫之间的关系。她在遭到拒绝后认为自己一无是处，这种感受加剧了她异乎寻常的购物习惯。一旦露丝感受到这些不安的情绪，她就有一种想去商场购物的冲动。这样一来，她就可以一再避免不舒服的感觉。

逃得了一时，逃不了一世

逃避是一种常见的行为目的，它可以让人在短期内缓解痛苦。这就是为什么像露丝那样的人会频繁购物，因为这些行为可以让他们避免面对棘手的状况和不愉快的情绪。然而，逃避并不能解决根本问题，露丝的逃避行为不能解决她的婚姻冲突。

除非好好地审视你的行为，否则你可能意识不到自己的目的是逃避。露丝可以找到 100 个理由来证明她的购物行为是合理的，比如购物可以让她走出家门，认识新的朋友，试衣服让她特别开心，等等。但她很容易忽略这背后的目的其实是逃避。我们可能不习惯从这些角度进行思考，因此，我们仍会无所顾忌地继续做出本能反应式的行为，而且这些行为往往会适得其反。

一位朋友在应聘一份工作后并未接到相关人员的回电，他对此感到非常失望。他抱怨说："我就不明白了，给我回电话告诉我没有被录用，这难道不是应有的礼貌吗？"礼貌？是的。应有？可能不是。招聘者之所以没有回电话，是因为其不想让他感到不舒服。谁想给别人带去坏消息？谁想让别人的希望破灭？哪里有不适，哪里就会有回避。人们往往会选择阻力最小的道路，这通常意味着，我们会回避任何看起来可怕、痛苦，甚至有点不适的东西。这就是为什么我们要将分手、大扫除或结肠镜检查一拖再拖。与这些令人不快的选择相比，逃避会让我们眼下更轻松一些。

情感目的：不愿放下感受

有时候，我们不想放下某些感受，不仅包括诸如快乐或骄傲之类的积极感受，还包括怨恨、痛苦、恐惧、担忧和愤怒等负面感受。我们之所以不愿放下，是因为我们从这些感受中得到了生理上和心理上的补偿。

例如，愤怒和怨恨似乎是每个人都想摆脱的东西，但这些情绪却有它们的目的。如果我们宣泄了愤怒，那么我们就需要对自己的幸福和成功百分百负责。如果我们在内心蓄积了愤怒或怨恨，那么我们就不用对那些让我们不快的事情负责，我们可能会把这种责任转嫁给另一个人或另一个机构。例如，戴夫在国外与回美国后受到的待遇不一样，为此，他非常愤怒。尽管他回美国已经超过 25 年了，但他每天都在抱怨。他的愤怒是有目的的，他不想为自己的幸福和成功负责。但是，戴夫并没有以这种方式看待他的愤怒，他不理解这种情绪有什么目的。对他来说，愤怒和怨恨是一种条件反射式的情绪，是对他所遭受的“不公平”待遇的合理反应。

人们不愿放下自己的情绪还有其他原因，比如他们认为接受现实就意味着接受失败。迈克尔与他的哥哥几乎不太来往，30 多年来，他一直对哥哥感到愤怒。虽然迈克尔自己都不太记得他们多年前为何争吵，但他仍然放不下自己对哥哥的愤怒情绪，因为原谅哥哥就意味着承认自己的软弱，就意味着哥哥是对的、他是错的。因此，这种思维方式使他对唯一的兄弟充满怨恨且始终保持疏远。迈克尔的愤怒是为了满足他自己的需要，而这种需求又不断滋生这种情绪。还有，迈克尔觉得，他之所以一直无法平息心中的怒火，是因为他哥哥是个混蛋；这都是他哥哥的问题导致的，而不是因为他能通过表达愤怒情绪获得什么好处。

我们不愿放下某种情绪的另一个原因是，我们想进行自我保护。如果我们停止愤怒或怨恨，那么我们就会认为自己非常软弱。例如，简已经离过两次婚了，在这两段婚姻中，她的丈夫都出轨了。她对第一任丈夫很生气，对第二任丈夫更生气，从第二次离婚时起，简就一直沉浸在愤怒之中。结果，5 年来她从没谈过一段有意义的恋爱。一旦事情开始走向正轨，愤怒和痛苦就会破坏每一段恋爱关系。简宁愿在愤怒中寻求安全感，也不允许任何男人像她的前两任丈夫那样伤害她。

不愿放下某种情绪还有一个目的：保持权力和控制力，或者想要占上风。就像下面将要提到的威尔逊女士的案例一样，这是愤怒背后的一种常见目的。威尔逊女士似乎很喜欢对她医美专业的学生所犯的错误吹毛求疵。在学生们看来，她会从嘲讽学生的缺陷和经验不足中获得快乐。威尔逊女士没有朋友，工作就是她生活的全部。她小时候被性侵过，一直未婚，也不允许任何人接近她。她已经把自己的恐惧转化为对外部的愤怒和敌视。这样一来，她就会认为自己一直可以占据上风。与学生相比，作为老师的威尔逊女士处于优势地位，这会促使她成为侵犯者，而不是受害者。

我们前面的讨论主要集中在愤怒上，因为这是一种人们很难放下的情绪，并且非常常见。人们不愿意放下的情绪其实还有很多。当丹尼丝的姐姐去世后，她已经沉浸在悲痛的情绪中 12 年了。痛失亲人后感到悲伤是非常正常且健康的情绪，但是，当悲伤的情绪主导了一个人的情绪状态并持续超过一段合理的时间时，它就会导致别的事情发生。丹尼丝发现，让自己陷入这种悲痛的情绪中，其实是她让已故的姐姐活着的一种方式。她担心，如果她容许自己的悲伤消散，那么她就会与姐姐失去联系。在丹尼丝心里，她始终认为，伤心难过是她为纪念姐姐所能做的为数不多的事情。她没有意识到，这样做会让她无法享受其他家人和朋友的陪伴，也会让她无法在自己的兴趣爱好中获得快乐。她悲伤的所有目的都是违抗生老病死的自然规律，让她的姐姐活着。而为了证明她对姐姐的重视，她便放弃了所有快乐。

与愤怒和悲伤一样，恐惧也会让我们陷入其中无法自拔。正如我们在第 1 章中所提到的那样，恐惧会提醒我们注意潜在的威胁或危险。一旦我们接收了这个信息，恐惧就达到了它的目的，没有必要再维持下去了。但是，许多人却在恐惧和焦虑中生活，因为这可以帮助他们避免不愉快的事情或可能威胁到他们自尊的事情。逃避潜在的威胁情境有两方面的影响：一方面，它是一种有即时缓解作用的手段；另一方面，在下次出现这种特定情境或刺激时，恐惧会加重。假如你害怕乘飞机，一个朋友告诉你，他计划去一个你一直很想去的地方，并邀你一同前往，尽管你很想去，但你还是会拒绝他。你找个借口说花费太大，或者撒谎说你对那个地方并没有什么兴趣。从表面上看，害怕乘坐飞机似乎很荒谬，但当你拒绝朋友时，你就会体验到那种巨大的解脱感。下一次你再被邀请去坐飞机时，你会感到更加害怕，不去的话可以让你再次不用面对恐惧，这意味着你会再次体验到那种美妙的解脱感。

当你拒绝朋友的旅行邀约时，你可能会有些尴尬和犹豫。

然而，下一次你找借口拒绝时会更顺畅，你的语气和肢体语言也会更令人信服。简单来说，你的逃避艺术会更加娴熟。你从未解决更深层次的问题，因为你的行为是有目的的，它容许你维持自己特定的负面情绪。而问题是，你仍然会被恐惧和焦虑所困扰。很多像你这样的人可能一辈子都不会再坐飞机了，而你一想到要坐飞机就会感到害怕。

亨丽埃塔对生活中每一次社交都感到恐惧。她认为自己一无是处，且不讨人喜欢，而这主导了她看待世界的方式。因此，她对每一次社交都非常害怕。即使有机会在社交场合出现，比如收到参加聚会的邀请或有男性对她感兴趣，她也会回到自己的恐惧中去，为自己找到足够的理由来避免也许非常有趣且有意义的社交。为什么？因为她觉得自己可能会受到伤害、被拒绝、被羞辱或者陷入难堪。因此，生活在恐惧中使她能逃避所有潜在的危险境况。保持恐惧是为了自我保护。同时，这也强化了她的自我评价，即她认为自己一无是处，且不讨人喜欢。从亨丽埃塔歪曲的认知来看，一直保持恐惧对她来说是有意义的。如果不处理她的恐惧及其潜在目的，那么亨丽埃塔就永远无法发展出人际交往技能，而这种技能是促进健康关系或建立健康界限所必需的。另外，她对亲密关系的理解也非常有限。她可能会谈一段让自己在情感上或身体上受到伤害的恋爱，并进一步证实她的固有信念，即世界非常危险，坚决不能谈婚论嫁。

还有一种人们容易纠缠不放的情绪是内疚，因为内疚也有它的作用。内疚是一种提醒，它能让我们意识到，我们已经背叛了自己的道德准则。感到内疚是一件好事，因为一个没有内疚感的人是极其危险的，比如反社会人格者在杀人后并不会感到悔恨。然而，在接收到内疚感所传递的信息之后还长期心怀内疚，则是一种自我毁灭的行为。我们为什么会长期心怀内疚？因为通过陷入内疚和沉湎于随之而来的羞耻感当中，我们可以为失败辩解，并逃避挑战和责任。而且，继续提醒自己很糟糕、无价值且毫无能力，要比解决和改变这些信念容易得多。人们之所以更愿意陷入内疚情绪，是因为这样一来，他们就可以避免为自己人生的幸福和成功负责。

当然，来自原生家庭的一些因素也会导致一个人的内疚感的发展和维持。如果有人在人际关系中习惯性地产生内疚，那么可能是因为他们在生命早期就被教导要对他人的感受负责。在童年时期，我们确信是我们的行为控制了别人的反应。总是陷入内疚的人通常拥有低自尊，并且总会在事情发生时责备自己。在生活中，这样的人会不断地告诉自己："我太糟糕了，我总是犯错误，如果我没有做 X、Y 或 Z，那么事情的结果就会不同。"他们会为发生在别人身上的所有负面影响承担责任。

这种冠冕堂皇的错觉是为了让他们继续保持内疚感。只要他们认为自己要对发生的一切坏事负责，他们就会一直感到内疚。

慢性忧虑

忧虑的目的是什么？谁想要焦虑和失眠？许多人会告诉你，他们很讨厌自己一直忧心忡忡，但就是控制不住。在《治疗忧虑》一书中，罗伯特·莱希博士强调，38% 的人群患有慢性忧虑症。无论白天还是晚上，任何时候你走到这些人面前，问他们在担心什么，他们总会给你一个答案。因为只要他们醒着，他们就会担心。

你可以控制自己的忧虑，但你必须明白，在忧虑情绪的背后都有一个非常明确的目的：让你始终与一个本来不受你控制的情境保持联系。如果你不忧虑，那么你就放弃了控制。大多数心理学家都明白，人们都喜欢对某种情境拥有掌控感，他们不愿意承认自己是完全无力和脆弱的。因此，忧虑是一种心理策略，尽管这是一种无意识的策略，但它让我们觉得，我们可以影响某种也许我们根本无法控制的情境。当孩子在春季假期结束后乘飞机返校上学时，焦急踱步的家长总是对飞行安全和孩子的人身安全有不同程度的担心。如果一个母亲让自己放松下来，并停止了忧虑，那么她就得承认自己是脆弱无力的。她宁愿看天气预报，不接有关孩子消息的电话，脑子里全是飞机坠毁的画面。当孩子终于安全抵达学校，并打电话给母亲报平安时，在家中担心的母亲会有一种巨大的解脱感。其实母亲也会因为自己一直担心孩子直到孩子最终安全抵达宿舍而收获一种成就感，只是她不愿意承认。这种体验强化了她的忧虑行为。下一次当她感到无能为力并对某一结果有了情感投入时，她就会重复她的忧虑过程。忧虑带来的好处显而易见：担心某件事情似乎可以增加这件事不发生的概率。

忧虑是一种迷信行为。让我们拿一个球迷举例，每到周日下午，他就坐在某张椅子上，反戴着同一顶旧帽子，为自己心爱的球队加油。从某种程度上讲，他有足够的理性知道自己的行为不太可能影响比赛结果，但是他享受着可以掌控比赛结果的错觉。他隐隐约约地觉得，这种仪式感也许会对比赛结果产生积极影响。想想这个球迷的仪式感是什么时候开始的，这一点也很有意义。几年前，他喜欢的球队在第 4 节输了 21 分的情况下，竟然奇迹般地反超，最终反败为胜。当时，这位球迷就坐在那张幸运椅上，反戴着那顶幸运帽。胜利强化了他的信念，他得出结论，从现在开始，他必须要这么做，以便能多多少少给球队的成绩带来一些影响。

我们在这一章强调的这个真相表明，人们往往不知道他们行为背后的目的，这个球迷也不例外。如果你问他为什么在周日下午观看球赛时会有这种仪式感，那么他会笑着告诉你，他这样做纯粹是因为迷信，或者他可能会严肃地回答说，虽然他知道这种仪式感和赢得比赛之间没有任何联系，但他喜欢的球队确实已经连赢 7 场了，因此他不想冒风险改变这个习惯。而他永远不会告诉你的是，这种忧虑性的仪式感给了他一种对比赛结果的掌控感。

这种忧虑性的仪式感的问题是，它可能会导致极端行为。例如，萨姆是一个典型的狂热球迷。在观看一场球赛时，他心爱的球队在第 3 节落后了一个达阵，而他的妻子却非要在这时去上厕所。这个决定非常愚蠢，因为在她离开的时候，球队赢了两个达阵。当萨姆断定是妻子上厕所的行为激发了球队的反击时，他竟然把妻子锁在厕所直到比赛结束。虽然这个故事很好笑，但忧虑性的仪式感的后果却不是这样的。当人们不明白其行为的真正目的时，他们就会沉迷于各种各样的仪式，从而导致他们的行为看起来异乎寻常。有时候，这些行为会破坏一些重要的人际关系。

一个真正“忧天的杞人”总是会担心一切。如果他的生活中没有让他焦虑和担心的东西，那么他就会自己创造忧虑。他往往认为，只有自己才是真正“明白”问题所在的人，因此他必须采取适当的忧虑行为来进行补救。在电视节目《芝麻街》中，伯特看到厄尼耳朵里塞着一根香蕉，就问道：“为什么你耳朵里有一根香蕉呀？” 厄尼说：“这是为了让大象离远点儿。”伯特说：“这里没有大象啊。”厄尼洋洋得意地说：“看，我这样做起作用了吧！”

像恐惧和愤怒等给人带来困扰的其他情绪一样，除非我们能了解这些情绪背后真正的目的，否则忧虑必然会控制我们的行为。为了不再忧虑，我们必须承认自己的无力和脆弱。归根结底，我们必须相信，不管以后发生什么，一切都会好起来的。也就是说，忧虑的解药是信念。信念可能是对真理、对命运、对自己的信念，或者兼而有之。拥有信念意味着我们能认识到，因为我们无法控制一切，所以我们的忧虑不会影响任何结果。或许有人相信，无论发生什么，他们都有足够的能力解决生活难题；或许有人相信 “善有善报，恶有恶报”，因此，如果他们选择做好人，那么就会有好事情发生在他们身上；或许还有人相信，所有不受他们控制的事情本来就是不受他们控制的，所以为什么要担心它。

一方面，如果你试图在生活中控制那些自己无法控制的事情，你就会陷入那些只能提供暂时缓解的忧虑性的仪式感和惯例行为。另一方面，拥有健康情绪的人可能也会有各种各样的担忧和问题，但他们能接受自己在某些方面的无力和脆弱，因而能很好地应对这些问题，然后改变自己的想法，从而感到舒适。无论你是寻求指引，还是相信自己有能力应付一些棘手的情况，你都能很好地理解自己为什么要做现在正在做的事。当你对生活和事情发生的原因有了自己的看法时，你就会知道这背后更大的目的，也不必借助忧虑来处理这些可怕的情况。

从小处着眼了解目的

最近有很多关于寻找宏大目的的讨论。这个概念是指，如果你能弄清楚自己为何来到这个世上，你的生活将更加充实和有意义。但是，寻找宏大目的可能是一个漫长的过程，我们需要付出大量的时间和努力。当你开始了解愤怒、焦虑或悲伤背后的目的时，你就可以开始朝着那个更大的目的迈进。如果你能搞清楚自己为什么会购物成瘾，或陷入哀伤无法自拔，或为明明无法控制的事情忍不住地忧虑，那么你就离幸福且有意义的生活不远了。所有这些都意味着，你要关注自己想要从某一特定行为中得到什么。也就是说，你从沉湎于消极情绪中得到了什么益处？为了找到答案，你需要问自己以下有关恐惧的几个尖锐问题：

※ 如果让你不再插手成年子女的事情，那么你会有哪些担心？

※ 如果让你放下对母亲、前任或以前生意伙伴的长期愤怒情绪，那么你担心会发生什么？

※ 如果让你把已故亲人的衣服送人，那么你担心会有什么后果？

只有当你了解了自己的恐惧，你才可以下决心克服它，从而摆脱自我挫败的行为模式。认识到恐惧的非理性基础，你就能开始了解以前某些行为习惯背后的目的。下面的练习将帮助你理解自己为什么会做这些事，以及如何通过改变思维来改变行为。

练 习

◎ 练习 1——为什么你会陷入不良行为

为了运用这一章所述的真相，你需要弄清楚自己的行为背后的真正目的。第一个练习将帮助你搞明白，为什么你会陷入那些能产生负面后果的行为。想一种你所经历的深感压力的情境，以及你在这种情境下做出的行为，然后回答以下问题：

1. 当你在处理这种压力事件、人际关系或情境时，你有什么习惯？你反复出现的行为是什么？

2. 人们说你的哪些行为是不健康的，或者是你应该停止的？

现在，针对每种特定的行为，回答以下问题：

1. 这种行为背后的目的是什么？

2. 当你出现这种行为时，你在逃避什么？

3. 你是从哪里学到这种行为的？

4. 你需要发展什么技能，比如自信、耐心、独立或信任来取代这种消极行为？

◎ 练习 2——识别逃避行为

如果你没有通过上述练习弄清楚这些适得其反的行为及其背后的目的，那么这个练习可能会对你有所帮助。如果你反复出现的行为是为了避免某种不适，这就是一个线索，它说明这种行为肯定有问题。下面列出了 5 种人们常常逃避的情况，请你在自己通常会逃避的情况旁边打钩。

·冲突对抗

·情感亲近

·暴露个人软肋

·承认自己有错

·说别人坏话

现在描述一下，你为了避免经历某种特定情况而出现的特定行为习惯：

1. 为了避免这种情况，你常常会说什么？

2. 为了避免这种情况，你常常会做什么？

3. 你的言行举止是如何帮助你避免那些让你感到不舒服的情况的？

◎ 练习 3——说出你最常出现的不愉快情绪

很多时候，某种行为的反复出现意味着我们想要维持以下一种或多种情绪：愤怒、恐惧、忧虑、怨恨、苦闷。针对每一种情绪，问问自己以下几个问题，看看哪种情绪是你最常有的。

愤怒

1. 你是否发现自己每天至少有一次对某个人或某种情况感到愤怒?

2. 你是否发现自己在生气后感觉很舒畅? 愤怒中是否有一种解脱感或满足感?

3. 你是否经常为自己的愤怒进行合理化或进行辩解，而从来不想想自己为何会如此愤怒?

4. 其他人有没有告诉过你，你脾气不好，而且你需要弄清楚为什么很多时候你都很暴躁?

恐惧

1. 你是否经常对某些事情感到深深的恐惧?

2. 虽然这种恐惧在某种意义上可能是可怕的，但它在另一种意义上是否也是一种别样的安慰? 你是否渴望那种恐惧的感觉?

3. 你是否经常说自己有权利害怕，而不去探究为什么你会如此害怕?

4. 别人是否曾对你的恐惧表示关切，并暗示你的恐惧妨碍了你做很多事情，比如谈恋爱或找工作?

忧虑

1. 你是一个杞人忧天的人，这种说法合适吗？

2. 当你非常忧虑时会发生什么？你是否有一种感觉，即忧虑会在某种程度上防止坏事发生？

3. 你是否经常对自己说，如果你不去担心那些在你大脑中挥之不去的事情，那么你就会疯掉？

4. 你的忧虑是否影响了事情的完成或良好关系的维持？别人是否告诉过你，你担心得太多了？

怨恨

1. 你是否经常为自己感到难过？你是否经常告诉别人，你在某种情况下是受害者？

2. 表达怨恨是否让你感觉良好？谈论你是如何被利用的或被忽视的，这是对那些伤害你的人进行反击的方式吗？

3. 你是否经常对很多事情都非常不满，并且你认为这不是你的错，而是因为别人不理解你，或者他们很刻薄、很愚蠢？

4. 你的怨恨是否让别人和你疏远了？他们是否劝你

不要再表现得像个受害者，以及你要为自己负责？

苦闷

1. 你是否经常对自己所走过的人生道路感到后悔，觉得自己做了错误的选择？

2. 苦闷在某种程度上是一种舒适的感觉吗？你是否会在脑海中不断回忆某些负面事件，以制造那种辛酸苦闷的感觉？

3. 你是否认为，苦闷是你对事情发生发展的一种完全合理的反应？你是否无法与那些不接纳你的苦闷情绪的人进行良好的沟通？

4. 你的苦闷是否导致了你一定程度上的社交孤立？你是否宁愿沉浸在自己的苦闷中，也不愿意和别人一起玩耍和交流？

第4章

除非能面对内在破坏者，
否则我们只能自我破坏

也许你身边有这么一个人，对他来说，他的行为方式显然不是最有利的。你可能有一个朋友，他令你和其他人感到困惑，因为他所说的或所做的事情似乎让他陷入了麻烦，并且他往往是反复陷入同样的麻烦。也许你自己也做过一些看起来适得其反或不合理的事情。所有这些到底是怎么回事？让我们来看一看迈克的故事：

在我大三的时候，我遇到了一位年轻的女士苏西，我觉得她很迷人。苏西非常可爱，喜欢运动，她正是我的理想型女友。一个周五的下午，我鼓起勇气约苏西出去，令我感到惊讶的是，她竟然答应了！我记得我们总共约会过两次，我被苏西迷得神魂颠倒。当我送她到宿舍后，我们又聊了至少一个半小时，最后才互道晚安告别。据我所知，她也和我一样玩得很开心。我回到宿舍，沉浸在幸福之中，脑海中浮现出与她白头偕老的画面。后来，我就再也没有约过她了。大三学年结束后，苏西转到另一所大学读书，我再也没有见过她。

为什么迈克会压抑自己，不再追求一个他认为可以令他非常幸福的人？看起来这完全不合理，但是，假如你理解“内在破坏者”的概念，你就不这么认为了。在无意识层面上，迈克体内有个声音在说：“迈克，不要再约她了。如果她拒绝你呢？如果她答应了，那么你可能会觉得这是个好机会，但是如果她后来甩了你呢？如果你配不上她呢？这太可怕了，我甚至不敢想。”这种无意识的声音让迈克害怕约苏西出去，它告诉迈克他有可能会被拒绝，而这对他来说是一种非常可怕的情况。在意识层面上，迈克不明白为什么他没有给苏西打电话。他没有想到，由于害怕被拒绝，他正在破坏自己获得快乐和幸福的可能性。尽管他很喜欢苏西，但在某种程度上，他更害怕被拒绝。当迈克接受治疗时，他才了解到“内在破坏者”的概念，这是一种试图保护他免受危险的内在声音，而且这个声音正是他不再有下一步行动的原因。他还发现，这不是他第一次借用破坏者之力进行自我保护。这个破坏者的花招导致迈克在他的一生中多次违背自己的利益行事。

破坏者会在我们的无意识的庇护下运作。这就是为什么迈克和我们当中绝大多数人都没有意识到破坏者的存在，以及它所造成的伤害。为了运用本章的真相，我们需要让破坏者浮出水面，看清它的真实面目。

貌似朋友，实为敌人

要领会这一真相，你需要在这种心理矛盾中理清思路：你可能在嘴上说想要某件东西，但你的行动却表明你想要的是别的东西。下面这个故事很好地说明了这一点。

某个忙碌的周一，两位辛勤工作的工人在休息时间吃午饭。他们打开自己的午餐盒，拿出当天的三明治。第一位工人瞥了一眼他的面包下面，沮丧地说：“是花生酱，我特别讨厌花生酱！”第二位工人默默地看着，没有说话。周二的午餐时间又出现了类似的情景，第一位工人再次瞥见他的面包下面粘着黏糊糊的酱料。“又是花生酱！”他感叹道，“我最讨厌花生酱了！”第二位工人还是没有说什么。周三的时候，这两位工人还是像往常一样在休息时间吃午饭。第一位工人兴奋地打开午餐盒，把他的三明治取出来。他小心翼翼地掀开面包，看到了当天的三明治夹心。“还是花生酱！”他大叫着，沮丧地用拳头捶打着休息室的桌子，“我真的太讨厌花生酱了！”现在，他的工友在连续3天看到同样的场景后，不得不说话了。

“嘿，”他说，“我知道这不关我的事，但你为什么不跟你的妻子说一声，除了花生酱，你还可以让她给你做一些其他夹心的三明治呀！”第一位工人怒视着他的工友说：“别把我妻子扯进来。这是我自己做的午餐！”

破坏者也是如此，它是一种由我们自己主动创造的心态，为的是保护自己免受那些可预见的危险。在上面这个故事中，第一位工人可能害怕打破他的饮食习惯。尽管他无法忍受午餐时再吃一个花生酱三明治，但比起那些不经常吃的金枪鱼沙拉、烟熏火鸡或其他可能替代的东西，他其实更喜欢花生酱三明治。或者说，他的破坏者正在按照最有利于他的方式行事，以便保护他不被那种可怕的未知所困扰。

我们时不时会与恐惧做斗争，我们对于拒绝、失败、成功、亲密和失控的恐惧常常会唤醒我们的内在破坏者。我们之所以会唤醒破坏者这个家伙，是因为我们想保护自己免受恐惧的侵袭并逃避难以应对的情况。当我们对生活中的某个特定情境或某段特定关系缺乏信心时，我们就会召唤内心的破坏者。在治疗过程中，迈克开始明白，如果他只是害怕苏西不同意他的约会邀请，那么他可能就不会召唤内心的破坏者了。不过，他真正的恐惧要比这深得多，因为他觉得自己不配拥有这样一个可爱的女孩。在他看来，过不了多久，她必然就会发现他的内心所想并拒绝他。他担心自己无法处理被拒绝的感受，因此，为了处理这个问题，他的破坏者没有冒险处理这些情绪，而是说服迈克不要再约她出来。

除了对失败的恐惧，对其他事情的恐惧也会唤醒破坏者。劳拉在高中的时候是一名优秀的排球运动员，她在高三时不知不觉地与她的破坏者交上了手。热衷于比赛的劳拉在高三赛季结束时的年度体育盛会上获得了最有价值球员奖。起初她觉得很荣幸，也很兴奋。但是，当成为最佳球员的重任袭来时，她非常焦虑，不知道能否达到自己所设定的标准。随着毕业赛季的开始，劳拉开始觉得自己是个冒牌货，根本不值得最有价值球员奖的荣誉，并对自己的不足之处斤斤计较，这导致她的比赛成绩连连下降。劳拉回忆说："我再也没有那种自信去击球了，我现在觉得特别难为情，有时我会犯一些小错误，并且无法再与队友们完美配合了。很快，我就被迫退出了比赛，整个毕业赛季都坐在板凳上当替补，然后看着那些技术更差的女孩打我的位置。"

劳拉跟我们经手过的其他来访者一样，她害怕成功而不是失败。因为她无法承担这份重任，所以她需要破坏者来毁掉这种成功的基础。她会想，如果她让大家失望了怎么办？如果她没有再次当选最有价值球员怎么办？可怕的是努力了却没有达到目标——在劳拉这个案例中，目标就是再次获得最有价值球员奖。她通过逃避来避免自己陷入压力情境，因此，破坏者给她提供了一个安全的庇护所。

此外，根据哈佛大学精神病学家乔治·维兰特博士的说法，积极的情绪会比消极的情绪产生更多的脆弱性，因为积极的情绪会使我们暴露在被拒绝、失败和悲伤的潜在危险之中。维兰特用下面这个案例说明了他的观点。案例的主人公是一位已经退休的医生。在这位医生 70 岁生日那天，深爱他的妻子拿到了他治疗过的病人的名单，并悄悄地给其中的很多老病人写了信，要求这些病人给这位医生写感谢信。后来，她收到了 100 封充满爱意的信笺，通常还附有照片。他的妻子把这些信笺放在一个上面盖着泰国丝绸的漂亮盒子里，然后把这个盒子送给了他。8 年后，在维兰特博士到这位医生家拜访时，这位医生从书架上抽出那一盒信笺，流着泪说："我不知道你会怎么想，但我从来没有读过这些信。"因此， 维兰特认为，"大多数人很难承受如此热烈的爱"。

罗伯特就是这样一个人。作为一个脱离了痛苦婚姻的人，他在 15 年的时间里破坏了一段又一段恋爱关系，直到有一天他在一次研讨会上宣布："我想，我终于明白自己一直为何要来破坏这些恋爱关系了。一旦我知道她们爱上了我，我就找到了一个理由在她们有机会伤害我之前摆脱她们。这看起来很奇怪：我想要的就是被爱，但一旦有人证明她愿意爱我，我就会破坏这段关系，这样就不会有人再伤害我了。”

人们总是以各种各样的方式破坏自己。例如，戴夫一直想要把他的好创意付诸实践，但是，他却利用他的破坏者来阻止自己承担这其中必要的风险。戴夫的阅读理解能力超强，这一点令朋友们赞叹不已。他设想的事情往往能实现，而且他也很擅长把握社会和经济发展趋势。大家都喜欢向戴夫咨询他们的目标和计划，因为戴夫的认可和鼓励会激发他们的信心，有时甚至会为他们采取行动和继续发展提供莫大的动力。

但是，戴夫是一个终生都不成功的人。他有很好的天赋，却没有取得什么成就。这并不是说他的想法缺乏价值，也不是说他的计划行不通，而是因为他从来没有冒险为自己的梦想投资过，所以他也没有取得任何成功。他的建议和指导对其他人是有帮助的，但从所有的迹象来看，戴夫永远不可能成功，因为他太害怕自己遭遇破产和失败。戴夫在继父身边长大，这个继父总是无情地批评他，经常用“失败者”和“失败”等词语描述他，并且老把 “你就是一事无成的笨蛋！”这句话挂在嘴边。当戴夫将他继父的训斥和蔑视内化后，他内心的破坏者就诞生了。虽然没有孩子生来就是失败者，但当年幼的戴夫犯错时（所有孩子都会犯错），他却被教导要这样看待自己。现在，他的破坏者正在以这种自我打击式的方式在思想中运作，并保护戴夫避免遭受进一步的失败。戴夫确信，无论他尝试做什么，都不会成功。他不再努力去做任何事情，这样做虽然可能会避免失败，但也让他更加认为自己就是高不成低不就。他的破坏者会确保他被一个自我实现的预言所控制："我知道，只要我尝试，我就会失败，因此我不会去尝试，这样的话我只是没那么出色，但是也不差。"

破坏者总是暗中作祟——要意识到它是如何行事的

被破坏者困扰的不仅仅是低成就者。在很多时候，破坏者会大获全胜，沾沾自喜。这可能看起来有悖常理。事业发展得很好或者关系维持得不错，这可能会让你更害怕未来的失败。相反，如果做得没有那么好，你也许就不会担心了。这并不意味着你应该努力追求平庸，这只是意味着你应该认识到一点，那就是破坏者为毁掉你的努力所采用的诡计。

卡丽有一段美好的婚姻，她有两个孩子，其中一个1岁，另一个3岁，她现在是一名企业主管，事业发展得不错。然而，她几乎所有的空闲时间都用在了玩电脑纸牌游戏上，她很少与朋友、母亲以及3个兄弟姐妹联系。即使在工作的闲暇时间，她也在玩电脑纸牌游戏，老板发现了以后，对她提出了警告。卡丽玩电脑纸牌游戏已经很多年了，但当她成为一个母亲之后，以及在她工作晋升需要接触更多客户之后，这变成了一个强迫性的习惯。事实证明，卡丽内心那个破坏者正在保护她，使她免受电话沟通中可能出现的蔑视和谩骂，这是一种非理性的恐惧。小时候，卡丽的家中用的是共线电话。有一次，在卡丽4岁的时候，她拿起电话，电话那头的人大声地对她吼叫，言语粗俗不堪。这对卡丽来说是一种创伤经历，因此她的破坏者让她花大量时间玩电脑纸牌游戏来保护自己，以避免这种事情再次发生。通过这种方式，她避免了电话交流。当别人抱怨卡丽从不回电话时，她就找借口说自己特别忙：她不仅有新的工作职责，还要带孩子。表面上看，卡丽觉得这就是她电话沟通能力很差的原因。但是，其实是她的破坏者怂恿她玩电脑纸牌游戏而不回电话，并让她错误地认为这么做会保护自己的安全。

让我们再来看看兰迪的案例。他在一些商业投资中获得了成功，并且具有卓越的领导才能和坚韧不拔的精神。然而，他的破坏者却肆意横行，并且能敏锐地察觉到兰迪最害怕的东西。兰迪小时候总是会自我怀疑，在中学时，他曾受到一位牧师的侵害。还是一个小男孩的他被一个成年男子猥亵，这不仅让他产生了莫大的羞耻感，而且让他时常怀疑自己的阳刚之气。

在兰迪 11 岁的时候，这位牧师还嘲笑他。结果，他被羞耻感、不足感和阉割感打败了。他对这些感觉的反应是表现出强硬和愤怒，一有机会就会打架。他选择与一群人成天混在一起，前提是他在里面能当老大。然而，在女人面前，他总是表现得很温顺，害怕被嘲笑和羞辱。

兰迪只能在一份工作或一段恋爱关系中表现好那么一阵，然后就会找到一些理由来破坏它。他曾有机会获得一个知名企业的职位，但他害怕这份工作对公开演讲的要求。这其实是他的破坏者在保护他，他认为在舞台上演讲就像“裸体表演”一样令人感到羞耻，因此他拒绝了这份好工作。兰迪娶了一个很好的女人，还有 3 个年幼的孩子，但他还是出过几次轨，他承认自己并不觉得那些女人有多大的吸引力。他希望妻子能发现他有外遇，从而结束他成功的婚姻。在生活中，任何领域的成功都会让兰迪感到恐惧，他内心的羞耻感一直以来都在提醒他，他不配得到任何东西，只配拥有失败。因此，他一直生活在与自己的斗争中：一方面努力克服年少时遭遇的猥亵带来的创伤性后果，另一方面却让他的破坏者不断地带给他耻辱感并削弱他的男子气概。

破坏者通常就在这样的内部冲突中兴风作浪，它们会找到各种各样的方法来破坏美好的愿景，给工作、人际关系和其他有意义的生活领域设下陷阱。它们会从早期的生活创伤中汲取能量，利用我们最大的恐惧，找到各种方法来保护我们免受其害。当你听到头脑中有一个声音在不断重复时，你就知道这是破坏者在和你说话了。例如，丹尼丝的大脑中回荡的声音是“你非常糟糕且一无是处”，她的内在破坏者一定会提醒她一些事情，以证明破坏者告知她的信息一点都没错。例如，丹尼丝经常会想起并谈到她与一名飞行员长达 20 年的恋情，这名飞行员每个月都飞到城里来见她。但是，这个飞行员隐瞒了已婚的事实，而她是单身。虽然这段关系已经过去 10 多年了，但她一直认为自己的所作所为是错误的，因此她一直抱着内疚和自我贬低的想法，即“我是个坏人”。如果没有这段给她带来内疚感的经历，那么她就会再次自由地去爱，但她现在却一直担心自己无法建立一段良好的亲密关系。她既不相信自己天生有什么值得被爱的地方，也不认为自己有能力让一个男人幸福。因此，正是她对亲密关系的恐惧唤醒了她内心那蓄势待发的破坏者。破坏者利用她的恐惧来帮助她远离真正的亲密关系；破坏者提醒她，她插足别人的婚姻就是一个错误，以及她是多么糟糕的一个人。如果丹尼丝允许自己与某人认真交往，那么她会坚定地认为自己会毁掉一切，而且她害怕如果一段有意义的关系失败了，那么她就彻底完了。

自我破坏者的暗度陈仓

我们常常想方设法阻止自己实现目标或找到幸福。我们需要变得聪明点，因为很多人都没有意识到自己有受虐倾向，或者不想承认自己是故意让生活变得一团糟的。表面上看，我们把自我毁灭的行为进行了合理化。我们没有做那些可能对我们有益的事情，并且为此找了各种理由。简而言之，我们主动为破坏者做了合理的掩护。

让我们来看一个极端的例子，以便证明我们是如何为了隐藏破坏者的行为而不惜一切代价。雪莉患有分离性身份识别障碍（过去被称为多重人格障碍）。她有一个破坏者，但她不知道破坏者所做的事情，因为这些事情是以她的其他人格为幌子进行的。雪莉抱怨说，她什么都做不了。哪怕是完成最简单的事情，她都觉得很困难。即使是打开洗碗机或帮助她的女儿准备上学之类的小事，也突然变得不可能完成了，但在之前的很多年里，她完成这些一点问题都没有。她还说这太奇怪了，即使她原来身体很差，她也能去办公室上班，但是她现在却什么都做不了了。

那么，她的另一些人格是否知道这是怎么回事呢？其中一个人格说："是的，我知道，就是我们让她什么也做不了的。

我们试图让她感到沮丧，因为我们害怕她的愤怒。因为如果她一切正常，她很可能因为遭受了父亲多年的虐待而杀了他。只要她的手脚几乎不怎么能动，她就不会对任何人构成威胁。”雪莉听到了这个人格对她说的话，然后回答说：“好的，我明白，我不会向任何人开枪。”后来，雪莉对她的破坏者的认识有效地阻止了破坏者让她功能失调。一旦她有巧妙的方法处理愤怒情绪，她就不需要再破坏自己了。

我们知道，大多数人都没有分离性身份识别障碍，但这个案例会给我们一些启示。也就是说，除非我们能意识到破坏者的存在，否则它可能会彻底控制我们的行动。我们可以把内在破坏者看作你的良心，不一样的是，破坏者不是指导你做正确的事情，而是阻止你做自己害怕的事情。只要让破坏者浮出水面，只要意识到你的行为方式没有给你带来任何好处，你就能消除它对你的行动的巨大影响。

恐惧并不是导致狡猾的破坏者暗中作祟的唯一情绪。有些人之所以破坏自己，是因为他们感到气愤且他们非常执拗。例如，辛迪因为体重肥胖而屡遭丈夫的嫌弃，她觉得很愤慨。尽管辛迪多次尝试减肥，但节食和其他方法都不奏效，而她的丈夫杰夫是摩托骑行爱好者和徒步旅行爱好者，他想让辛迪和他一起参加这些活动，却担心她因为肥胖而不愿意参与。结果，杰夫就天天唠叨，让辛迪必须减肥，但他的说话方式总是令人难以接受、让人十分不舒服。他一直喋喋不休、咄咄逼人且毫不留情。辛迪说丈夫总是冷嘲热讽，说出来的话特别伤人，比如：“你今天去健身房了吗？你真的需要吃这个吗？你知道这些东西有多少卡路里吗？”所有这些追问都是为了引发辛迪的内疚，从而控制辛迪。

面对丈夫的唠叨，辛迪非常反感，并且她会反抗丈夫对她的控制。但是，只要她反抗杰夫的控制，她就几乎不可能减肥成功。为什么呢？因为减肥不仅会让她觉得自己在背叛自己，而且会让她觉得自己已经在杰夫面前屈服了。无论是自我背叛还是屈服于他人，这种感觉都不好。因此，辛迪不自觉地破坏了自己减肥的努力，她经常暴饮暴食，也经常不去上她原来说一定要坚持的运动健身课。当她终于减掉一两斤体重时，她发现自己很生气，因为杰夫说：“不错，那你再减 40 斤吧！”或者：“你看，减肥也不是很难，对吗？几年前你就应该这样做了！”

因此，这就形成了一个恶性循环。颇具讽刺意味的是，辛迪对杰夫的反抗最终导致她破坏了自己的减肥计划，这不就是自己打自己的脸吗？显然，内在破坏者对此感激涕零，正是她的反抗给了它一个机会，让她不再减肥，继续保持体重。

为什么辛迪没有意识到她在破坏自己减肥的努力？如果你还记得我们在第 3 章所讲的真相，你就会知道，所有的行为背后都有它的目的。杰夫之所以继续对辛迪唠叨，是因为唠叨给他带来了控制的错觉。停止唠叨会使杰夫感到自己对辛迪的体重完全无能为力，而这是他不愿承认的事实。他还担心，如果他不唠叨的话，他就会传递这样的信息：他对辛迪的体重感到无所谓。这也会让辛迪对自己的体重感到无所谓。因此，杰夫这种行为的目的是，他会觉得自己在做一些事情来纠正辛迪的肥胖问题。因为辛迪反感杰夫对她的控制和批评，所以反抗的行为让她在杰夫面前表现出了一种力量感。通过破坏自己的减肥目标，她也避免了处理其他棘手的问题，包括她与杰夫的关系中的任何不愉快，以及她童年时遭遇的所有痛苦的、未解决的问题。正如我们之前提到的那样，人总是会趋利避害，避免不适是人的天性，逃避可以让我们的情绪立即得到缓解。

反叛和怨恨会导致我们的破坏者违背我们自己的利益行事。安吉，一个 18 岁的女孩，非常憎恨她的父亲，因为她的父亲非常传统且迂腐，是一个控制欲超强的意大利男人。父亲坚持要她上大学，但她却决定从高中退学，为的是给他点颜色看看。鉴于破坏者总是在怨恨、反叛和恐惧的掩护下行事，我们如何才能控制住它呢？最好的方法是认识破坏者并与它合作，而不是抗拒它。通过这种方式，你就可以利用它给你的自我带来的能量。

下面的行动可以帮助你战胜内在破坏者，而无须尝试暗杀它。请记住，你的破坏者正试图保护你，它保护你的方式很积极，却总是让人难以捉摸。你要保留住这些积极因素，并将它们用于一些有意义的目标。为此，你可以运用下面的 6 步法来控制和利用它。

1. 接纳

破坏者就像一个老大哥，它会保护我们不被那些坏人伤害，它既是我们的朋友，也是我们的保护者。因此，它不是我们要彻底消除的东西。保护我们不受自己害怕的东西伤害，这种动机是好的，也是我们生存本能的一部分。但是，不知为何，内在破坏者总是要与我们真正的自我，以及我们真正需要的东西分离。因此，我们要尝试将破坏者与真正的自我重新整合。我们可以大胆地接纳破坏者自我保护的一面，但同时也要注意哪些恐惧是虚幻的、哪些恐惧是真实的。你的破坏者会从你那里获得线索，因此你需要向它倾诉你生活中真正重要的事情。通过直面和接纳破坏者，你就能认识到你的行为并没有给你带来什么益处，这种认识将帮助你保护自己免受破坏者的误导。

2. 处理

我们要识别破坏者正在与谁搏斗。你的恐惧是什么，这种恐惧对你有什么影响？如果你害怕失败，那么就去试着了解这种恐惧来自哪里，以及这种恐惧对你来说意味着什么。想一想你是否像兰迪一样，你的破坏者是因为你童年时的创伤事件而在保护你。重新思考一下你是谁，以及你能成为什么样的人。不要默默接受你的那些自我挫败行为，一定要认识到你是在害怕、怨恨或反叛，你必须弄清楚自己到底在害怕什么、怨恨什么或反叛什么。当这些问题得到解决时，你就削弱了破坏者的力量。

3. 适应

你不能还像以前那样继续自己的行为，一旦搞清楚了破坏者的行动原因和行动方式，你就要现实一点，知道必须要改变自己的行为方式了。尽管实事求是很痛，但你一定要这样做。例如，如果你对亲密关系的恐惧导致你的破坏者不让你继续恋爱，那么你就要搞清楚，为什么你如此害怕亲密关系。你是否觉得自己不知道如何亲近他人？在你弄明白这些问题之后，你要学会调整和适应，逃避只会导致更大的恐惧。此外，你还要认识到，在你适应和尝试新的行为时，你可能会失败。例如，你害怕亲密关系，但当你终于找到一个自己真正喜欢的人时，对方却拒绝了你。虽然当时你可能感觉不到，但这种失败对于我们的人生来说非常重要。没有失败，就没有成长。我们应该反思失败并从中学习，人生智慧恰恰来源于此。

迈克尔·乔丹曾经在一则商业广告中说，在他的职业生涯里，曾有 9000 多次投篮没有命中，这其中有 27 次发生在比赛的最后几秒钟，他的球队最终输掉了这些比赛。人们认为乔丹是体育史上最伟大的球员之一，他承认他的成功来自反反复复的失败和努力克服失败的精神，他一直在不断地调整、适应，并且尝试变得比原来更好。

4. 计划

你可以在前面 3 个步骤的基础上制订一个计划，使你既能接纳恐惧，又能释放恐惧。如果你的计划只代表象征性的改变，那么它可能不会对你有任何好处。苏珊·杰弗斯曾写过一本书，名为《感受恐惧，从容面对》，你可以把书名这句话作为你的计划准则。像其他任何人类情绪一样，恐惧也是由感知带来的。如果你认为某件事情很危险或者给你带来了威胁，那么你就去感受这种感觉，并且释放它，然后从不同的角度思考你所害怕的东西。确保你的计划能让你对你的灾难性思维保持警惕，灾难性思维即认为事情是可怕的、糟糕的，或者会走向最坏的结局。你的破坏者特别喜欢这种类型的思维，因为它会引起恐惧，为了避免这种恐惧，你会主动违背自己的最佳利益行事。在你的计划中，你应该用“最坏的结果是什么” 这种提问来代替灾难性思考。

5. 行动

如果你制订了计划却让它躺在那里吃灰，那根本就不是计划，因此，我们要主动地去实施计划。一旦开始实施计划，我们就一定要把破坏者纳入计划实施中来，不要忽视它的存在。相反，当你开始尝试新的行为时，你可以让你的破坏者重塑自己的角色。例如，史蒂夫是一个总是爱自我怀疑的专利律师，过去，他的破坏者不让他尝试任何新事物或承担任何风险，特别是在专业方面。而计划的一部分就是，史蒂夫请求他的破坏者继续做他的保护者，但要以不同的方式进行。破坏者不再像以前一样告诉他，他不够聪明、是个失败者、永远一事无成，而是一直通过加强他积极的自我形象的形式来保护他。无论是在他冒险竭尽所能做事情期间、之前还是之后，破坏者一直都用这样的方式来保护他。史蒂夫还要求他的破坏者不要用非黑即白的眼光看待他的新行为。换句话说，史蒂夫也知道，当他开始行动并尝试新事物时，有时也会失败。他要求他的破坏者与他交谈时，不要把失败看作一个愚蠢的错误，而是将其看作他走向成功的必经之路。结果，当史蒂夫开始按照他的计划行动时，他发现破坏者似乎更像一个支持他的朋友，而不是一个让他内耗严重的折磨者。他与破坏者的激情、能量和自我保护能力达成了和解，而不是继续逃避它或直接与它抗争。

6. 强化

最后一步是，即使事情出现了意外，你也要决心朝着积极的方向迈进。这种面对挫折的积极态度能使破坏者无法进行任何破坏。当人们遭受挫折的很多时候，他们会将负面结果的影响延伸到各个方面。你可能没有通过数学考试，但这并不意味着你是个失败者，或许是因为你平时下的功夫还不够，或许是因为这次考试题目很难。一个积极且现实的观点是可以挫败破坏者的。只要你认识到自己有足够的能力、智慧和勇气去冒险做任何事，并且有足够的韧性在事情不顺利的时候重新来过，你的破坏者就不会让你以自我毁灭的方式行事。

我们可以使用积极的语气和态度来应对一切。例如，你可以这样说，“如果我们输掉了这场比赛，那么我可以承受”，

或 “如果我们没有中标，那么这也不代表一切都完了 ”，以及“无论我喜欢的人是否爱我，我都是讨人喜欢的，也是值得被爱的 ”。这种正向的自我暗示十分有效。请记住，在任何情况下，最重要的是你对自己说了什么。你的神经系统只会对你的信念和结论做出反应，而不会对客观现实做出反应。

什么时候你不由自主地想要破坏自己，就在这个时刻使用 6 步法。无论是有关工作、亲密关系还是家庭，你都要知道自己所面对的情况是什么。尽管一开始去思考这 6 个步骤并将其付诸实践可能会感觉很别扭，但很快你就会习惯成自然。如果你发现 6 步法能阻止你在尝试新事物或承担风险时破坏自己，那么，你就会有更大的动力让它们成为日常生活的一部分。

现在让我们尝试做一些练习，这将有助于你以积极的方式对待你的内在破坏者。

练 习

◎ 练习 1——识别破坏者的运作方式

下面几个问题可以帮助你确定你的破坏者的运作方

式。你现在已经知道了，这个识别过程很重要，因为你对它了解得越多，你就能更好地管理它。在每个问题后面，我们都列出了一些可能的回答，以方便你进行识别。请勾选你认为合适的答案。

1.你的破坏者会阻止你实现什么？

·完成工作目标

·维持恋爱关系

·与老朋友维持关系或结交新朋友

·高效利用时间

·在兴趣爱好上放松自己或打发时间

·获得经济保障

·其他 ________________

2.你的破坏者会在什么时候出现？

·当我承受着巨大的压力时

·当我正处于实现人生目标的关键点时

·当我开始自我感觉良好时

·当我对某些事情感到愤怒时

·其他 ____________________________

3. 你害怕什么东西？

·拥有一段认真的恋爱关系

·在事业上获得成功

·对他人，比如伴侣、孩子、下属负责

·搬到自己梦寐以求的地方

·减肥并保持体重不反弹

·其他 ____________________________

4. 这种忧虑和恐惧来自哪里？

·父母在我小的时候做过或说过的事情

·与我的家庭无关的童年创伤经历

·一段失败的婚恋关系

·一次灾难性的工作经历

·其他 ____________________________

◎ 练习 2——可能发生的最糟糕的情况是什么

破坏者的负面声音来自你对可能发生的事情的恐惧。也许某件事情仅仅是让人不舒服或不愉快，但你总会把这样的事情进行灾难化处理。这个练习的目的是帮助你面对可能发生的最糟糕的情况，并让你认识到，它其实并不像你想象中那样可怕。

1. 对于你最恐惧的事，请描述你所能想象的最坏结果：

2. 这种可能发生的最坏结果是否曾经发生过？描述一下由于你的恐惧都发生了哪些事情。实际结果与你所想象的那个最坏结果相差多少？

3. 现在想象一下，可能发生的最坏结果是什么？首先写出你为了把损失降到最低而可能会有的 3 种反应。然后描述一下，为了从这种负面状态中恢复，你可以采取哪 3 种行动。

~~~~~~~~~~~~~~~~~~~~~~~~~~~~~~

~~~~~~~~~~~~~~~~~~~~~~~~~~~~~~

~~~~~~~~~~~~~~~~~~~~~~~~~~~~~~

◎ 练习 3——6 步法

有了前面的练习，你现在就可以把本章讨论的 6 步法付诸行动了。现在你已经很了解自己的破坏者了，你也已经意识到，它是在保护你，使你免受自己所恐惧的东西带来的伤害。因此，它并不像你想象中那样可怕。基于这些认识，你可以采取以下几个步骤：

1. 接纳。把你的心中所想写出来，确认破坏者在试图做什么来保护你的安全，这份陈述应该包括反复出现的保护模式。确保你的陈述能清晰地表明，你已经意识到破坏者是按照最有利于你的方式行事。认真探索破坏
~~~~~~~~~~~~~~~~~~~~~~~~~~~~~~

者行动背后的动机，而不是试图摧毁它。

2. 处理。恐惧、怨恨和反叛等情绪会引发破坏者以你的名义行事，你要对这些情绪进行处理。请你同样写一份陈述，说明你希望破坏者帮助你做什么。具体来说，就是你希望这个内在保镖如何帮助你以不同的方式行动、思考或感受。

3. 适应。你从你的破坏者身上学到了什么经验教训，从而让你愿意主动改变并愿意承担失败的风险？你希望如何改变自己的行为方式？请详细说明至少两种。

4. 计划。制订一个应对破坏者的计划。这个计划应该包括一系列简单的行动。在破坏者试图保护你不受自己最恐惧的事情影响时，这个计划能有效地对付破坏者。当事件 X 发生时，你会采取哪些不同的行动（以及有什么不同的思考和感受）？对于那些通常容易让你受到伤害的情况，你也可以制定一些其他的应对方法。

5. 行动。对自己做一个承诺，保证在特定的时间、地点和情况下采取行动。请在下面的空白处确认，当下一次破坏者出现时，你愿意以不同的方式行事。例如："当我遇到喜欢的人时，如果我发现自己开始考虑切断联系，我保证在下一个周末为我们安排一次约会，并做一些事情来维系这段感情。”

6. 强化。说明一下，如果你更加主动且无所畏惧地行动，那么你将获得哪些好处，来强化这样的行为方式所带来的积极结果。如果你不破坏自己，那么这样做能带来多少益处？请列出至少 3 个益处。

第5章

再古怪的行为都来自我们的许可

做意志的主人，良知的奴隶。

——佚名

这一章的真相告诉我们：再古怪的行为都来自我们的许可。你可能认为自己只是他人游戏中的一个棋子，或者认为你的应对都是不假思索的本能反应；但其实正是你自己控制了局面。真相是，是你自己允许自己以某种方式行事的。我（克里斯多夫）在超速行驶被抓后重新学习驾驶课程时，第一次接触到了这个概念。当时教练是这样说的，我们之所以超速，是因为我们允许自己超速。他随后条理清晰地说明，遵守限速和其他交通法规符合我们的最大利益。他关于行为许可的观点引起了我的共鸣：我之所以超速，是因为我允许自己按照高于法律规定的速度行驶。还有，正是因为人们允许了自己的行为，他们才会对另一个人大喊大叫、抢劫便利店、对伴侣不忠或者吃掉一整袋糖果。等一下，也许你会说，我并没有允许自己吃那袋糖果呀，我只是看到了，饿了，然后就吃了。这是一个纯粹的反应，与许可无关。或者，也许你根本没有意识到，你是在什么时候以怎样的方式许可自己做这些的。

行为不是偶然发生的

回想一下，你是在多大时第一次了解到好与坏、对与错之间的区别的？偷窃是好还是坏？对成年人说一些不敬的话可以吗？撒谎可以吗？大多数人说，他们是在 3 至 8 岁时内化形成了这些方面的知识。现在想想，你是什么时候开始按照好与坏，或者对与错的标准生活的。如果你像大多数人一样，那么你可能在生命的早期就开始尝试应用这个标准了，但你会发现自己仍然在这个问题上挣扎。你不确定自己是否应该接受一个注重环保的公司提供的一份好工作。你不想撒谎，不想让你的女朋友误以为你们最终会结婚，但你担心，如果你对她完全坦诚，那么她就会和你分手。你不一定在任何情况下都会遵守硬性规定，让其来约束你的行为。你可能在这个场合是诚实的，但在别的场合就不那么诚实了。其实，你如何行动往往取决于环境。

如果你的行为不诚实，或者如果你以卑鄙无耻或自我毁灭的方式行事，那么你这样做就是有预谋的。换句话说，你明明有选择，却偏偏选择了允许自己这样做。一位男子提到，他的妻子有时会在非常生气的时候打他。他说，当以前的治疗师问他，为什么他的妻子会打他时，他会竭尽全力解释整个过程，包括妻子打他的理由。但妻子打他的原因其实非常简单，就是妻子允许自己在生气时打他。大多数人在对他们的伴侣生气时从不动手，同样，他们也不会打自己的孩子。

大多数男性很早就知道，打一个女人是不道德的，他们不允许自己在任何情况下打女人。很快，这些男人就内化了这一信息，因此，他们永远不会对女人大打出手。他们不允许自己这样做，而没有许可，他们就不会行动。

你也可以从另一个角度来看待这个问题。想想那些虐待了伴侣的人，你可能会想，既然他们都已经允许自己打妻子或丈夫了，那么他们就是有暴力倾向的人。然而，当他们在工作中不喜欢老板时，他们为什么不打老板呢？当他们与朋友争吵时，他们为什么不与朋友发生肢体冲突呢？因为他们只允许自己对伴侣采取暴力行为。

当我们允许自己做一些我们以前认为不可接受的事情时，问题行为就开始了。我们来看一看 1993 年有关美国吸毒家庭调查的研究报告，该报告指出，一旦有人选择参与危险行为，比如吸食毒品，那么他参与其他此类行为的可能性就会大大增加。吸食一种毒品直接关系到其他毒品的使用。如果一个孩子抽烟或喝酒，那么他使用大麻的可能性就比从不抽烟或从不喝酒的孩子高 65 倍。如果一个孩子在他的一生中抽过大麻，哪怕只有一次，那么他使用可卡因的可能性都要比从未抽过大麻的孩子高出 104 倍。

滥用毒品并不是唯一需要自我许可的问题行为。与主流观点相反，不忠行为并不只是发生在两个毫无戒心的人之间。他们既不是爱情和欲望的受害者，也不是被动“坠入爱河”的随机个体。事实是，发生外遇需要一系列的决定，在这些决定当中，两个人都允许自己以促成出轨的方式说话和行事。例如，我们需要允许自己谈论目前不愉快的关系、不和谐的性生活，以及我们如何期待一段更有意义的关系。同样，我们也必须允许自己发送私密电子邮件，打私密电话，并在午餐或周末时与出轨对象见面。外遇既不是一个意外，也不是一个单一的决定，而是由一系列被许可的想法和行为所构成的关系。有外遇的人在出轨之前的婚姻状况并不一定糟糕到了令人无法忍受的程度，他们只是允许自己可以有外遇、可以对伴侣不忠，他们正是以这种方式思考和行事的。

尽管暴力行为可能看起来很冲动，但它也是经过一个人的自我允许的。这种许可往往来自你的童年经验，也许是父亲在早期教给你的一些人生道理。例如，“男人是一家之主，应该不择手段保护自己的权威”。尽管这种许可的源头离现在已经非常遥远，但你必须重新对自己授权，才能允许自己在当下表现出这种行为。美国各地有关制止和预防家庭暴力的项目都教导施暴者注意他们的思维方式，特别是那些会诱发暴力行为的想法，比如 “如果她再张开她那张嘴，那么我就教会她闭嘴”，或者“我要让她知道，不尊重我有什么下场”，或者“我没有那么多工夫容忍她的废话”。这种想法的前提是，如果某种情况出现，那么我就有必要让她知道我的厉害，并且让她感受一下被虐待的滋味。正如前面所建议的那样，这个对伴侣施暴的人可能在任何情况下都不会打他的老板，因为他并没有许可自己这样做。

有的孩子经常顶撞父母且对他们不尊重。但这些孩子往往并不会以同样的方式冒犯老师、邻居或警察。为什么会有这样的差别呢？因为父母和孩子自己都允许他们这样做。所有的行为都需要许可，遵循或打破饮食习惯，侮辱或恭维一个陌生人，购买或出售一套房子，都需要许可。

正如我们允许自己做某些事情一样，我们也允许别人以某种方式对待我们。著名电视心理学家菲尔·麦格劳博士断言，我们实际上是在教别人如何对待我们。也就是说，当我们不拒绝或不远离言语侮辱、身体攻击或持续存在的威胁时，我们其实是在允许别人以我们不可接受的方式对待我们。我们可能会允许别人无情地戏弄我们，在经济上利用我们，在公共场合不尊重我们，甚至是允许别人出轨，而恰恰是我们对这些行为的反应方式促成了这些事情的发生。有些人在恋爱的早期就非常清楚地表明，这种行为是不能容忍的，从而为自己设定了心理上的健康界限。

别人给我们的爱也需要我们的允许。如果我们不爱自己或不尊重自己，那么我们也可能会阻止别人在情感上、身体上接近我们。我们担心自己不值得被爱，如果我们允许别人接近，那么他们就会发现我们不可爱而拒绝我们。与浪漫的好莱坞电影所刻画的爱情相反，当合适的人出现时，我们不会那么轻易地就坠入爱河，我们首先需要允许自己去爱和被爱。

允许自己改变

就像我们做出的行为需要许可一样，改变行为也同样需要许可。不管这些行为习惯会带来怎样的消极后果，如果我们不允许自己摆脱当下的行为，那么我们就会不断地回到这些习惯中去。

例如，匿名戒酒会会教导那些正在戒酒的人以不同的方式看待喝酒的问题。在他们实施的 12 步自助法中，第一步就是让酗酒者承认，“在对待酒瘾的问题上，我们自己已经无能为力，它使我们的生活变得一塌糊涂”。他们现在已经认识到，酒精会控制和破坏他们的生活，因此他们不允许自己再喝酒，他们认为酒精只能暂时让人逃避眼下的问题，得到一时的舒缓，或者喝酒只是一种休闲的发泄方式。在一段时间的戒酒之后，如果想要恢复饮酒，也需要得到自我许可，而正在戒酒的人一定要学会收回这种许可。电影《尘雾家园》中有这么一个场景，詹妮弗·康纳利饰演的女主角正与一名警察约会，这个警察不仅自己非常爱喝酒，也一直怂恿她喝酒。观众看到她痛苦地盯着酒瓶，想知道她到底会不会拿起酒瓶，而她已经几个月没有喝酒了。她的摇摆不定最终打败了她，她拿起酒杯一饮而尽，心里想着：“管他呢！”然而，她喝了酒，这正是她生活中一连串不幸的开始。

如果你想要改变某种行为，比如习惯性撒谎、吃夜宵或熬夜看综艺，那么收回许可是非常必要的。只有当你下决心撤销做这些事情的许可，并制订必要的计划时，你才能有效地实现改变行为的目标。即使你的初衷是美好的，但如果你抱着三心二意的心态，总想着“看情况再说吧”，那么你基本不可能改变自己的行为。看看过去的行为，我们就能很好地预测未来的行为，因此，除非你下定决心收回许可，并制订计划去做些其他事情，否则你很难改变自己的行为，你还是会做以前做的那些事情。

如何改变行为：允许自己采取 6 步法

一开始，我们可能会觉得这个问题很简单，不就是下决心不再允许自己像往常一样做出那些适得其反的行为吗？但如果你曾经尝试过戒除烟瘾、酒瘾，你就会知道，放弃这些行为是多么困难。即使是不那么严重的行为，比如无法维持一段恋爱关系或总想要破坏自己的事业，也是非常难以改变的。但是，采取 6 步法是很有帮助的，这个过程可以让你非常正式地允许自己改变行为方式。现在，让我们来看一看这个 6 步法的具体过程。

第 1 步：意识到某个行为有问题。你不想因为自己第三次酒驾被抓，也不想因为太晚意识到自己的问题而痛失等了那么久才等到的爱人。因此，一定要关注你生活中出现的问题。你可以与比较亲近的朋友、家人和值得信赖的同事聊聊天，问问他们对你的看法，看看你最近有没有什么问题。有些行为问题你自己发现不了，但是他们可以。如果能更加敏锐和警觉地发现问题，那么你就能更加深入了解自己的问题。这种洞察力不仅有助于你识别需要改变的行为，而且为你允许改变自己的行为做好了准备。

第 2 步：下决心改变。这一步要求你必须收回许可，不再允许自己出现那些负面行为。你告诉自己，你不能在想吃东西的时候想吃什么就吃什么了。每个周末，你不再让自己陷入紧张状态，也不再像以前那样永远不出去和别人见面。你坚定地告诉自己，你不会再接受那些没有发展和晋升空间的工作。你要明白，当你收回许可时，你必须抱着严肃认真的态度。你不能说，看看情况如何再说吧，收不收回许可还不一定呢！你不能自己提出一些限制条件，才决定是否撤销许可，收回许可必须要明确、坚定、毫不含糊。

第 3 步：建立一个目标。戒酒、控制预算和拿到硕士学位都是很好的目标，因为这些目标是具体的、可衡量的。与那些泛泛的目标相比，比如“我希望自己能少喝点酒”或“我想接受更好的教育”，具体而可测的目标更有可能实现。目标应该是客观的、可实现的、可衡量的、可量化的。目标可以为你允许自己的新行为奠定基础，并且能在你实现目标的过程中提供指导。

第 4 步：制订一个具体的计划来实现目标。例如，大幅减重是可行的，但我们通常需要一个明确的计划来实现它。例如，每天早上走 3000 米，每日摄入总热量不超过 1500 卡路里，就比“我要多运动、少吃东西”这种模糊的计划具体得多。

你要把一个大计划分解成阶段性目标,即一些可实现的小任务,这样会有助于你实现最终目标。也许一开始，你每天早上只能走 500 米，但是一周后，你就可以走 1000 米了，以此类推。一般来说，当你允许自己尝试新事物时，最初你可能会感到有点不舒服，但是，如果我们做了具体的规划，把一个目标分成若干个小任务来循序渐进地完成，那么我们就会减少这种不适的感觉。

第 5 步：执行计划。只有当你有能力执行计划时，这个计划才会奏效。许多人在试图改变自己的行为时往往会掉链子、半途而废。很多积极的行为都是反人性的，人类的天性会让我们坚持不下去，并偏离原来的轨道。然而，研究告诉我们，你越是坚持不懈地去实现一个目标，你实现它的机会就越大。举例来说，反复尝试戒烟的人最终成功戒烟的可能性也越大。一项对家暴受害者的研究表明，一个人平均要离家 4 次才能最终下定决心离婚。为了坚持下去，你要反复告诫自己，不要再那样做了。这会强化你从过去的经历中学到的经验教训，让你有更大的动力坚持实施自己的计划。

第 6 步：打破常规。有些挽救计划对愚蠢行为做出了通俗的解释：反复做同一件事，却期待不同的结果。有一对夫妇来做家庭咨询，从他们身上，我看到了这一点。这对夫妇每次在争吵的时候，都有下面几个过程：攻击、防御、反击和撤退（必要时再重复这个过程）。他们都很想知道，为什么他们之间的关系一直无法改善。这对夫妇也许会分开一段时间，然后恢复联络，最后重归于好，并且会比以前更真诚地尝试好好相处。但是，他们不断回到旧的模式里，感情再度破裂。只有当这对夫妇了解了他们固有的行为流程，以及可以预知的结果时，他们的感情才可能发生改变。

一定要了解你有哪些破坏性的常规行为，要意识到有哪些隐蔽且危险的方式让你不断陷入黑洞。你要定期提醒自己，你不允许自己再陷入这些常规模式了，而要允许自己接受那些破坏常规的行为。通过这种方式，你就可以创造一个全新的、更加健康的行为模式。

允许自己迎难而上

在我经手过的一个案例中，一个孩子曾允许自己伤害别人，后来又收回了这个许可。我的来访者是一个十几岁的青少年，他在高中时遭到两个同学的校园霸凌。当我的来访者向警察报案后，其中一个霸凌者给我的来访者写了一封长长的道歉信，信中解释了他为什么会成为一个欺侮他人的人。请你看看下面这封信的内容，特别要注意的是他许可自己做的那些事情的前后顺序：

亲爱的爱德华：

我真的很抱歉，因为我在学校一直打你、欺负你、找你麻烦。我知道这不是借口，但我想让你知道，我也被格雷格欺负过。六年级的时候，他经常打我，在我面前掰响他的指关节示威，然后敲我的头。他甚至拿走了我生日时收到的一块新手表，并威胁我说，如果我告诉别人，那么他就杀了我。有一天，他告诉我，如果我愿意帮他做一件事，给一个他特别讨厌的人挑点事，也就是假装“不小心”打翻一个所谓好孩子的艺术作品，那么他就不再找我麻烦。我知道这是不对的，但我还是决定这么做，因为这样的话，格雷格就会放过我了。我按照他的指示故意撞倒了那个艺术作品，那个东西彻底毁坏了。当我看到那个男孩为此伤心地大哭时，我感到很难过，但我刻意地不去关心他。干完这件坏事，格雷格非常兴奋。我这么做看起来非常愚蠢，但我想让格雷格喜欢我，因此我决定不关心他人的感受。虽然这一点很奇怪，但我越是捉弄和欺负其他孩子，格雷格就越想和我一起玩。后来还有一件事发生了，那就是当我伤害别人时，我不再感到那么糟糕，即使我那样对你，我也没有什么感觉。但是，现在我是真的感觉很糟糕，爱德华，我知道自己的确伤害了你，我也记得格雷格以前欺负我时我有多害怕。我只能说，我真的很抱歉，爱德华，我再也不会对任何人做这样的事了。

贾斯汀

显然，我们可以确定，贾斯汀允许自己进行校园霸凌的原因是，他对格雷格的恐惧以及被他人认可的渴望。但是，恰恰也是贾斯汀的恐惧让他迅速收回了许可，不再继续成为一个霸凌者，而这次的恐惧源自他对后果的恐惧和内疚感。只要他继续收回许可，他就不会再进行校园霸凌了。

下面几个练习可以帮助你把第 5 个真相应用在生活中。

练 习

◎ 练习 1——我不断重复做的事情有哪些

很多人都在努力识别他们的问题行为，即适得其反的常规行为和某些消极的行为模式，弗洛伊德称之为强迫性重复。也许你已经知道自己有哪些强迫性重复行为，但这并不一定是事实。因为你会对这些行为进行合理化或者否认它们，从而让自己无法意识到这些行为到底是什么，这个练习就是让你培养这种意识。

下面列出了一些常见的强迫性重复行为。请在适用于你的问题旁边打钩：

·在确认恋爱关系之前就破坏了它

·尽一切可能阻止自己成功

·在压力下变得充满敌意和愤怒

·贬低那些对你来说最重要的人

·在工作中犯了明显的、有损利益的错误

·收入不高，花钱却大手大脚

·总是与那些最爱你的人长久陷入激烈而无情的争论

·总是会担心可能要发生什么

·几乎不注重或太注重自己的外表

·饮酒过量或沉迷赌博

·反抗权威

·权威人物在场时，工作能力更强

·饮食失调

·把所有的时间和精力都花在工作上，却忽略了生活的其他方面

如果你没有以上这些问题，那么你可以根据这个列表创建一个自己的问题清单。

◎ 练习 2——我为什么要这样做

这个练习的目的是帮助你理解，为什么你会允许自己不断地重复这些负面行为。我们已经列出了 6 种策略，人们在允许自己做出适得其反的行为时通常会使用这些策略。你可以看看自己一般会采用哪种策略，并认识到它的欺骗性，因为这种自我许可通常对你不利。然后，描述你在生活中是如何使用这种策略的。

1. 辩解。你做出了一个对你有意义的评判，因此你可以做出这种不好的行为。例如：“我打她是她的错，因为她让我很生气。”那么，你的辩解是什么？

2. 最小化。虽然你意识到了自己的不健康行为，你却有意轻视它的影响，认为它无关紧要。例如："是的，我打破了自己的饮食习惯，吃了3份甜点，但这没什么大不了的。"那么，你是如何将你的行为的不良后果最小化的？

3. 合理化。你会为自己的行为制造借口，或找自己的不在场证明。例如："警官，我之所以超速，是因为我马上要迟到了。"那么，你是如何对你的行为进行合理化的？

4. 理智化。你剔除了决策过程中的情感因素，从而允许自己表现出不健康的行为。例如：“拜托，好多人都在逃税啊。”那么，你是如何将你的负面行为理智化的？

5. 否认。你明明做了某些事情，却矢口否认。例如：“我没有与那个女人发生关系啊。”那么，你否认了自己的哪些行为？

6. 外化。你总是把责任推给别人。例如：“你应该早点提醒我的。”那么，你会把自己的错误行为归咎于谁？

第6章

不要将有限的情感能量浪费在妄想、担忧和抱怨上

什么能控制我们的思维和想象力，什么就能决定我们的性格和人生。

——拉尔夫·爱默生

《体育画报》会不定期推出题为《他在何处》的专题栏目，以便让读者了解退役明星运动员的近期动态。在 2004 年 7 月，杂志还开辟了《不再失败》专栏。据专栏报道，这些运动员在大学时期曾经十分受欢迎，粉丝们都希望他们能超过当时体育界的超级巨星。然而他们并没有像杂志宣传的那样，有时还会因为比赛失败而遭到羞辱和嘲弄。杂志报道的这些运动员都已经“不再失败”，因为他们找到了处理失败的方法，并且都在其他的领域有所建树。那么，这一切与我们本章所要讨论的真相有什么关系？并不是因为他们在别的生活领域中找到了自己的价值，而是他们能用非常健康的心态去看待自己曾经的失败。他们既没有浪费精力感叹过去，也没有为那些曾经的失误而惋惜，而是从历史经验中吸取了教训，从而在体育领域之外取得了成功，他们的努力也变得更有意义了。

因为事情没有按照他们期待和计划的方向发展，所以许多人一生都活在悔恨之中。人们并没有意识到，表达怨恨这种方式其实是对宝贵的个人能量的浪费。我们需要保存这些能量，把它投入到重要的活动和目标中去。本章的真相似乎不证自明，但人们常常表现得好像他们的能量是无限的，他们觉得把能量浪费在抱怨上也没有关系。现在，我们来看一看，浪费会发生在什么情况下，从而让你了解自己在生活中是如何浪费个人能量的。

保存能量

想一想你花了多少时间来把某些事件进行合理化，以及不断地回忆过去的事并进行抱怨。你可以想一想，最近有没有发生什么让你对它进行合理化的事情。例如：

※ “因为我的老板不喜欢我，所以我没有得到提拔。”
※ “交警要完成他的指标，因此，我在超速驾驶时被拦下。”
※ “因为他的工作太忙了，所以他没有约我出去。”

这些例子反映了一个人在面对超出自己控制的事情时，他会将关注点放在哪些因素上。你最近都用了哪些具体的正当理由去解释那些超出自己控制的事情？很可能你的脑海中立刻就浮现出了一件这样的事情。有些人会花大量的精力在脑海中制造这些理由，他们会挖空心思去琢磨并创造那些不合逻辑的结论。就像孩子兴奋地摆弄一个新玩具一样，有些人总是想着如何对某种行为进行合理化，并为之耗费大量的时间和情感能量。如果你经常这样做，那么这就表明你的生活缺乏成就感。也许你不仅在工作上没有什么成就感，而且还因为个人梦想没有实现而感到沮丧，之所以这样是因为你把大量精力倾注到了错误的地方。

如果你将自己有限的可用能量进行明智的投资，那么它的价值就是显而易见的。我们每个人每天都有 24 小时的时间。在这 24 小时里，我们可以消耗的情感能量是有限的。假设每个人每一天都拥有 100 个单位的能量，我们可以按照自己的喜好消耗掉它们，我们可以自由地思考，做任何自己感兴趣的事。这些能量不会延续到明天，这 100 个单位的能量必须在今天用完，否则就会清零。

例如，你早上醒来，在脑海中对你的老板发了一通牢骚，这消耗了 20 个单位的能量。然后，在去上班的地铁上，你为一段糟糕的恋爱关系纠结了半天，回想前女友是如何与自己分手的，并且希望结局会发生改变，这又消耗了 15 个单位的能量。当你到达工作地点并打开电脑时，你发现由于股市暴跌，你所在的行业受到了极大的冲击，你开始担心自己的工作不保，这样一来，又有 15 个单位的能量被消耗掉了。

仅仅一个早上的时间，你已经花掉了一半的可用能量。你可能会在工作中浑水摸鱼，既不会取得什么工作成果，也不会在工作中获得满足感。你的注意力开始变得不集中，晚上约会时也表现得很差。这都是因为你把大部分能量都浪费在了那些无意义的思考上。谁知道呢？也许，如果你能把大部分能量节省下来，那么你就会有一个绝佳的创意，从而获得工作上的晋升，或者你会在自己重视的约会中给别人留下一个好印象。在大肆挥霍情感能量之后，我们再也没有足够的能量去做一些真正重要的事情。因为在早上你已经消耗了大量的能量，所以你变得疲惫不堪、心不在焉，你错过了不少机会，并且留下好多问题没有解决。不仅仅是一天，可能你人生中的大部分时间都是这么度过的。在治疗中，我们有时会对来访者提到这样一句格言："是抱怨玫瑰上的尖刺，还是欣羡尖刺上的花香，存乎一心。"专注于积极的一面，我们就可以为那些重要的事情留出足够的精力。

现在让我们回过头来想想那些运动员的例子，即那些走出失败，重塑人生的人。他们本可以对过去喋喋不休、纠缠不已，但是，他们却坚定地与曾经的沮丧和遗憾告别。现在，他们把自己的精力都放在了那些重要的事情上，把情感能量都投入到了自己的家庭生活和社区生活中，结果，他们的生活不仅一帆风顺，而且越来越好。我们也希望你不要老是回忆过去，至少不要总是回想那些负面事件。如果你总是专注于过去，那么你就不会着眼于现实，也不能把握住现在。

你可以选择活在当下。这取决于你是否能有意识地保存能量，而不是无意识地浪费能量。为了建立这种意识，你需要了解人们浪费情感能量的 3 种方式。

1. 悔恨过去

有一位 52 岁的唐先生，他来接受治疗是为了解决人际关系方面的问题。在他 50 多年的人生中，他与异性的接触非常少。因此，他把大部分时间都花在质疑、后悔和纠结那为数不多的几次约会上。他每天都在想，如果他喜欢的那个女人没有搬走，那么他们之间会是什么结局。他也经常后悔，明明有好几次机会，他却没能约人家出来。他把太多的时间和精力都放在“如果当初怎么样”上了，却忽略了眼下的人际关系。我们并不是说你不应该反思过去，本章这个真相想要告诉我们的是，你的确应该从过去学习，这样你就可以把精力投入到现在，做些不一样的事情来改变这一切。

如果一个人总是悔不当初，那么他们就像只听老歌的人。

虽然重温过去的记忆和事件也有它的乐趣，但我们在听老歌时却体验不到新音乐的魅力。我们被困在音乐的另一个时代，既无法继续丰富我们的音乐资源，也无法提高我们的音乐审美。想象一下，假如我们一直把情感能量消耗在过去的事情上，比如婚姻破裂、生意失败、友谊翻船、亲人背叛……我们就失去了前进的动力。当我们反复回想过去那些屈辱和负面事件，自怜也许能让我们心里好受一点，但是，它却妨碍了我们继续眼前的生活。

唐其实可以很好地从他过去的错误中“活到老，学到老”。他本可以承认自己那些无益或不健康的行为，并制订一个计划来改变自己。他可以把时间和精力放在现阶段心仪的女性身上，而不是反复思考、纠结他几年前的情感遭遇。人天生就爱揪住那些未完成的事件或经历不放，然而重温这些事件或经历会让人感到疲惫。与未完成的过去和平相处，才有利于活在当下。俗话说：“不从历史中汲取教训的人，注定要重蹈覆辙。”

菲尔 50 多岁了，他穿着考究，言谈优雅，是一位极富魅力的职场男性。他拥有双硕士学位，经营着几家企业，还曾参加过美国国会竞选。菲尔有一个房间，专门用来展示他人生中取得的诸多荣誉，房间的墙壁上挂着许多奖牌，以显示他在学术、政治和商业领域取得的成就。当这个房间挂满了的时候，他又开辟了另外一个房间以悬挂更多的奖牌。当我问菲尔为什么要专门设立这么多的荣誉室时，他摇摇头说：“其实我自己也不清楚。”后来，他说：“我可能期待父亲在走进房间看到这些奖牌后，能夸我一下。”

事实证明，菲尔把大部分时间，以及情感能量和身体能量都用在了一件事上，那就是寻求父亲的认同。但是，据菲尔回忆说，他的父亲从来没有对他说过赞许的话，因为父亲自己的生活不尽如人意，他受过大量的创伤，还酗酒成性。父亲从来没有积极地表达过他对菲尔的感受，他的评价总是以批评和诋毁的形式表现出来。无论菲尔取得了多大的成就，他都无法从父亲那里得到赞许和认可。然而，他仍然每天固执地把自己的情感能量放在无法改变的过去上面。尽管他把自己限定在这样一个框里，但他还是取得了很大的成就。可是，他如此专注于过去，就等于给自己的成就设置了一个人为的上限。更重要的是，由于菲尔的目光总是向后看，因此他无法真正好好享受他所拥有的成就带来的满足感。

2. 担忧未来

在充满不确定性的时期，人们比以往更加担忧未来。他们会花费大量的精力去思考“如果怎样，将会这样”的可能性，他们会为可能出现的最糟糕的情况感到忧虑和苦恼，他们会花无数的时间担心自己的经济状况和人际关系。想一想，你是否同样投入了不少精力担心未来可能发生的负面事件?

如果发生下面的情况，那么你的工作会有什么变化?

※ 你的老板决定退休或卸任

※ 你所在的行业不景气或经济下滑

※ 某项新技术取代了你的专业技能

发生这些都是正常情况，但是，当我们无法控制这些情况的发生时，纠结于它们纯属多此一举，也没有任何意义。然而，有些人每当读到一篇文章或看到一篇新闻报道时，他们就会对工作或所在行业产生一连串预测和假设，并表现出失眠、头痛和胃部不适的症状。可是，无论他们怎样担心，担心都没有给他们带来任何安慰。

如果发生下面的情况，那么你的经济情况会有哪些变化?

※ 你家附近的经济开始下滑

※ 你经历了真正的大萧条

※ 你不能在自己预想的时间退休

即使我们把自己的时间和注意力都集中在那些可能发生的不好的事情上，也不一定能阻止它们的发生。你可以做很多的电子数据表，也可以做很多的研究分析，尽管你可以不停地为此担忧，但你不能为每一个经济突发事件都做好准备。

如果发生下面的情况，那么你的爱人会有什么变化?

※ 对方遇到了比你更好的人

※ 对方确定无法与你白头偕老

※ 对方决定接受工作外派

牢固的人际关系能抵御强大的变化，脆弱的人际关系则经不起考验。然而，处于良好人际关系中的人仍然会为未来事件如何影响这种关系而苦恼。他们担心某些事情会导致爱人的离开，或者他们担心如果对方出人意料地突然改变，那么可能会发生什么。

正如我们在第 3 章中所学到的那样，所有这些关于“如果”的假设都是有作用的，因为担心和忧虑会让我们避免感到无能为力。如果我们为想象中的事情发愁，那么我们似乎就能阻止它们的发生。当然，即使我们花了几个小时、几天或几周的时间来为此纠结，也许我们最担心的事情还是会发生。我们都会偶尔猜测一下未来，如果适度为之，那么这就是未雨绸缪，毕竟，为未来的事情做好规划和准备没什么问题。但是，本章这个真相是关于能量的，当我们花了太多的时间和情感去想象这些万一的情景，甚至到了被这些想象吞噬的程度时，这样的担忧就没有什么好处了。佛罗里达州的居民曾经这样谈论飓风："抱最好的希望，做最坏的打算。"虽然他们对即将来临的风暴做了很多计划和准备，但他们既不能阻止风暴，也不能控制风暴。因此，情绪崩溃或不知所措会导致我们无法思考、无法行动，它们都是一种精力的浪费。相反，我们可以通过一些准备工作来有效地利用自己的可用能量。

我们对未来的担忧有各种可怕的表现。例如，丹娜因酒驾被拦下。她一直纠结于因自己被扣留驾照而产生的不便，因醉酒驾驶而被通报的耻辱和尴尬，以及被逮捕以后的经济后果。她的律师建议她寻求专业咨询。丹娜这年 32 岁，是一名聪明能干、富有魅力的女性，但是她却生活在对未来的担忧中，这种未来还是一个自我想象出的灾难性的未来。她想象着在法庭上，法官会无限期地吊销她的驾照；她想象着在工作中，她会因为酒驾而得不到提拔；她想象着自己放弃了那些可能的约会以及朋友，因为她已经决定戒酒，所以她不再是聚会的主角。丹娜每天都花费了大量的精力去设想一个失败且悲惨的未来，这对她现在的生活造成了很大的影响。她的工作受到了影响，她的社交活动停滞不前，她现在基本不能从自己曾经喜欢的活动中获得快乐。

我告诉丹娜，尽管我不知道法官会做出什么决定，但我确信，法官不会让她生命中已经过去的6个星期的生活再来一遍。由于她只有一次机会过自己的生活，因此她最好不要把它浪费在担心未来可能发生的事情上。另一位来访者埃米莉出现了严重的焦虑症。当她谈到自己的孩子时，她的焦虑感更加强烈了，我非常想知道，到底是什么让她感到如此害怕。经过几轮的情绪安抚之后，她说自己已经做了所能做的一切，剩下的事情不是她能控制的，此时，埃米莉真正的问题出现了。在她高三的时候，一个陌生人在公园里绑架了她并对她实施了性侵。虽然她没有通过压抑来应对这件事，但她生活在一种高度焦虑的状态中，她把情感能量都花在担心自己的孩子会发生“坏事”上。毕竟，这件事已经发生在她身上了，如果她不担心自己的孩子可能会受到伤害，那么她会是一位怎样的母亲呢？

正如你将在第10章所了解到的那样，像埃米莉这样的人是可以从他们的创伤中痊愈的，这样他们就不会以担心未来的方式把每天的精力放在回忆过去上了。来自约翰斯·霍普金斯大学的教授大卫·埃德温博士在一次临床研讨会上说：“如果我一只脚停留在过去，一只脚踏入未来，那么我就永远没有能力活在今天。”

3. 牢骚满腹

除了悔恨过去和担忧未来，另一种无意义的能量消耗就是，对我们无法改变的事情进行抱怨。我们的诊所位于佛罗里达州西南部，因此，来访者一进入咨询室就开始抱怨天气或交通的情况并不少见。这是可以理解的，因为他们刚从外面进来，也许冒着风雨，也许在旅游季节的高峰期遭遇了交通拥堵。尽管如此，但把大量的时间花在抱怨这些生活中的小麻烦上特别浪费精力，因为坐在咨询室里的人现在身处一个干燥舒适、温度宜人的环境，目前并没有被塞车的情景所困扰，因此，花费自己的心理能量去抱怨天气或交通没有任何意义。更糟糕的是，如果一直关注或回忆来时路上的不愉快，那么他们就会继续沉湎于自己的消极情绪。

黛比一直到50岁才结婚，她声称终于遇到了一个自己“不觉得烦”的男人。但是，在过了几年幸福的婚姻生活之后，黛比在她的丈夫杰西身上发现了一个令人讨厌的地方。杰西在与自己的父母沟通时并不总是把她放在第一位。杰西一贯温柔随和、平易近人，他总是对自己的父母十分宽容，这让黛比觉得很不舒服。杰西的父母留宿在他们家的时间太长，而且总是过多插手杰西和黛比的私人事务。黛比认为，杰西无法很好地与父母建立界限，这是他不爱她的表现。她一直关注着杰西和他父母的行为，不断向朋友抱怨她内心对此的“愤慨”。她无法理解，他们竟然没有事先打电话就直接来了。她也很难理解，他们那么喜欢天天观看电视上的体育赛事，而且杰西也是如此。她发现，尽管他们的体形已经有些臃肿了，但是他们很喜欢吃肉，而杰西平时吃得很健康，在父母面前却成了肉食动物，这让她感到很气愤。她对杰西和他的父母有一连串的不满和抱怨，因此，她一直对此喋喋不休。

从表面上看，黛比的抱怨似乎无伤大雅。但是，其实朋友们都不想听到这些抱怨，因此，这会让她与朋友们的关系逐渐疏远。另外，这些不满也会使杰西和黛比之间产生隔阂。起初，杰西可以理解妻子黛比与他家人之间的问题，他也曾试图改变自己的沟通方式，并根据黛比的意见做出调整，但这并不能阻止黛比对这些无法控制的事情继续抱怨。杰西告诉黛比，“我的父母就是这样”，但黛比表现得好像抱怨他的家人就可以控制他们一样。

最终，黛比明白了这个真相。她意识到，哪怕杰西给了他的家人太多的余地，她也得接受这一点。其实，她不喜欢杰西与父母相处的方式是情有可原的，但这并不意味着她不喜欢杰西。更重要的是，她意识到，杰西的父母也是她和杰西两个人婚姻的一部分，如果她想要和杰西在一起（她确实想要），那么她就必须得偶尔接受和包容他的父母。一旦她接受了这个事实，她在情感上和身体上都感觉好多了。黛比最终从一直思考和谈论她无法控制的事情中解脱了出来，并且能专注于她能力范围内的真正重要的事情。

心理学家告诉我们，注意力等于能量。一个人选择关注和思考什么，他的能量就流向哪里。花费一整天的精力去思考前任的偏执或邻居的自私就是浪费自己的能量，除非这种关注确实能解决问题。

瓦妮莎最近刚刚离婚，她与前夫共同承担着孩子的抚养权。当孩子从父母一方传给另一方时，他们之间的语音留言往往言辞激烈、不堪入耳。瓦妮莎与她的前夫每周接触的时间总共不到一个小时，这其中还包括听前夫那些冗长的语音留言。但是，她会花更多的时间反复去想她的前夫，演练与他的下一次谈话，并且回忆他们之前的讨论内容。瓦妮莎把一天当中清醒状态下的大部分精力都花在了纠结自己与前夫的关系上。她不断地关注前夫的消极态度和令人讨厌的行为，而她知道这些态度和行为并不是针对他们的孩子，因为她知道自己的前夫其实是一个好父亲。由于她的纠结，身为教师的瓦妮莎在课堂上心烦意乱、无心教课，她经常让学生打开书自己阅读，而不是教他们阅读。

帕蒂正在和一个她认为是典型的“男拳”分子的人约会。随着他们关系的进一步发展，帕蒂变得越来越沮丧，因为她的男朋友仍然不尊重她。她不断地抱怨他的行为，有时对男朋友发泄不满，有时向朋友们发发牢骚，但是，除了帕蒂变得越来越不开心之外，情况没有任何变化。事实证明，帕蒂会抱怨她的每一任男朋友。她总是会选择那些有重大问题的男人，而且总是想让他们变得更好。她之所以选择这些男人，是因为她想凸显自己的潜能和价值，而不是真正接受男朋友本来的样子。她一直试图改变他们，但这些努力都是徒劳的，她也因此而不断抱怨。帕蒂越来越心累，她感到精疲力竭。她无法控制他们，却忍不住连续数小时谈论他们有多可怕，似乎这种抱怨在某种程度上可以控制那些无法控制的情况。

乔纳森每次接受治疗的时候都会告诉他的治疗师，他很讨厌自己的老板。他讨厌老板对他居高临下的说话方式，讨厌老板通过压榨他来敛财，讨厌妻子爱护和崇拜他的老板。让人感到最不可思议的是，这个老板还是他的岳父！这就好像他的大脑是一个光秃秃的灯泡，而他的老板是一只飞蛾，不断地在它周围盘旋。乔纳森还没有想出他到底应该怎样对待这份工作，在这种情况下，他到底应该做些什么。他不知道自己该如何选择，是继续为他的岳父工作，还是自己去做生意。他还没有学会接受他的妻子与岳父母之间的亲密关系，因为他与岳父母之间并不亲密。乔纳森其实无法控制他的岳父老板，因此，他自己会产生一些关于岳父的强迫思维，以便填补内心的这种摇摆不定。

治疗师注意到，有一点非常讽刺，那就是乔纳森每天都要花费大量的心理能量来设想他最讨厌的人，这让乔纳森感到很恼火。这就好像他把大部分的薪水花在支持他最讨厌的事业上一样。换言之，乔纳森在脑海中为他的岳父提供了一个免租空间。因此，乔纳森需要制订一个计划，从而帮助他停止自己对岳父的抱怨。为此，他应该考虑离开岳父的企业，自己创业或另找一份工作。另外，他也可以选择接受他岳父的为人，在目前的职位上好好做事。乔纳森还有一种选择，他可以为了他对工作的期待跟岳父讨价还价，以便达成一个他可以接受的协议。乔纳森需要释放自己的能量，也需要重新控制他的头脑，才能解决他目前的处境。在他实现这一点之前，他将大部分的情感能量浪费在了他老板的性格缺陷上，而这是一种他无法修复的缺陷。我们在治疗中往往会说，痛苦、怨恨和复仇对于承载它们的容器来说是有毒的。在这个案例中，你可以感受到吞噬乔纳森日常生活的怨恨和愤怒。

合理使用能量

我们需要有效分配心理能量，从而更好地利用我们的时间。我们都知道最好不要把这种能量浪费在抱怨、担忧和无谓的期待上，但我们往往会一时冲动，被任何时候都可能面临的复杂且混乱的问题所困扰。结果，我们对心理能量的分配往往非常不明智。从童年创伤到棘手的难题和困境，这些都会让我们试图弥补过去，担心未来，并且为不可控制的事情而苦恼。但是，如果我们遵循本章这一真相，那么我们就可以把精力集中在重要的事情上。这个真相表明，我们应该学会理性地思考和行动，解决真正的问题，专注于我们的思想和行动能带来影响的目标。也许说起来容易做起来难，但如果你不断提醒自己，你的能量可以花在什么地方、不可以花在什么地方，那么你就可以做到这一点。因此，本章所讲的真相有以下 3 种能量投资结果：

1. 接受你无力控制的事情。持有这种信念比焦虑和怨恨更有利于你实现内心的平静。这并不意味着你应该成为生活中的被动观察者，这只是意味着，除了你自己的想法和行动之外，最好承认你无法控制一切。为了应用这一概念，你要不断地问自己，你所面临的问题或议题是否在控制范围之内。为了做出决定或采取行动，你需要考虑哪些方面？你怎样才能对某种情境下的结果产生积极影响？哪些思维模式和行动对情境本身完全没有影响？

2. 用你的能量来促进积极结果的产生，而不是在消极的心态上纠缠。例如，与其因为担心你的孩子考不上大学而焦虑到极点，不如想想以下几种做法：（1）给他发一封积极乐观的电子邮件，说明你是多么为他骄傲；（2）为他祈祷；（3）为他烤制他最喜欢的甜点并邮寄给他，以传达你对他的爱和赞美。你可以把自寻烦恼所需的能量用来帮助你的孩子。虽然你做不了任何事情来确保他在考试中取得好成绩，但你可以做一些事情来让他对自己充满信心，他会因此觉得，无论他的成绩如何，他都能得到父母的支持。

3. 监测你的能量投资变化。就像定期重新评估你的金融投资组合一样，你也需要常常跟踪自己的时间投资，看看它有哪些变化。创建一个每日能量图表，每天填写一次。将这个图表分为以下几项：悔恨过去；担忧未来；抱怨生活中那些无法控制的事情；积极的思考方式和行为方式。在每个月月底，大概估算一下你的时间和精力是如何分配的。在理想情况下，我们应该将小部分时间花费在奢望、担心和抱怨上，而将大部分时间花在积极的想法和行为上。通过这种图表记录，你会更清楚地意识到自己是如何分配能量的。这种意识能让你提高警惕，从而把能量用在更有意义的地方。

如果你发现自己在合理利用能量方面有困难，那么你也不要担心。你可以做一些积极的事情，比如进行以下任何一项练习。

练 习

◎ 练习 1——从消极到积极

我们之所以很难把精力集中在积极的、可实现的目标上，是因为存在“紫色大象”反射。当你告诉自己不要纠缠于过去的一些创伤性事件时，这种反射就会发挥作用，从而让你的头脑反常地集中在这个事件上。你可以试试这个实验：紧闭双眼，试着不去想一头紫色的大象。但恰恰相反，你的脑海中偏偏浮现出了一头紫色大象的画面。你无法告诉你的大脑不要关注什么，但你可以利用这一规律催生出积极的想法。下面这个练习会告诉你应该怎么做。

列出一些你想逃避面对的负面事物，然后重新积极地表述它们。为此，我们提供了一些消耗能量的负面例子，后面紧接着是一些产生能量的正面例子：

错误：不要把我的高尔夫球打到我前面的水坑里。

正确：保持放松。我相信，当使用我的5号铁杆时，球将飞入洞中。

错误：我已经厌倦了我的老师总是找我麻烦。

正确：我无法控制老师的行为，但我可以选择做一些有益的事情，从而实现我的长期目标，比如自己申请项目，并给自己留够充分的时间好好做这个项目，同时为考上大学认真学习和做好准备。

错误：只要我的伴侣看起来冷漠而疏远，我就不会表示出我很关心对方。

正确：在这段关系中，我将以最高标准来要求自己。即使我的伴侣看起来很冷漠，我也不必效仿，我可以做一个更好的人。

错误：

我不会 ______________________________

我需要停止 ______________________________

我不应该 ______________________________

我不能 ______________________________

正确：

我真正的愿望是 ______________________________

我想要 ______________________________

我的目标是 ______________________________

我能 ______________________________

◎ 练习 2——“宋飞”解决方案

情景喜剧《宋飞正传》中有一个情节，杰瑞告诉乔治，如果他在生活中做出的每一个决定都是错误的，那么他就应该做相反的决定。想一想，你都在哪些事情上长时间抱有消极思想、行为或模式，比如让你沉浸在过去的事情，让你对未来感到焦虑的事情，或者让你总是抱怨的那些无法控制的事情。现在想象一下，针对这些事情，你做出了截然相反的行为，然后补充描述下面的句子：

我不再把情感能量耗费在 ____________________

相反，我把精力集中在 ______________________

结果，我发现自己现在有更多的时间来做 ________

以前，我常常花很多时间思考 ________________

现在，我的想法常常集中在 __________________

以前，我把大量的时间花费在 ________________

现在，我会利用更多的时间去做 ______________

由于我把自己的精力花在了其他更有意义的地方，

现在我感到 ________________________________

◎ 练习3——能量再分配

这项活动旨在帮助你认识到你的能量流向了哪里，以便你能以更健康的方式重新分配能量。

过去：找出生活中让你感到愤怒、痛苦、怨恨、嫉妒或羡慕的3种情况，并找出由于你与这些情绪纠缠而干扰你实现目标的3个例子。

____

____

____

未来：找出3个消耗了你的能量或让你担心未来的问题。确定这些担忧是反复出现的、长期存在的且令人痛苦的。

____

____

____

超出控制：找出3种让你焦虑不已但你无法改变的事情。

现在，利用你所学到的关于能量的知识，补充描述以下3个句子来重新分配这些能量：

过去：我现在不再纠结于过去的愤怒、怨恨和羞耻，而是将重点放在

未来：与其不断担心即将来临的一些负面事件，还不如把我的注意力转向

超出控制：与其试图影响我无法控制的人或情况，不如专注于我能做的事情，从而

第7章

维持人际关系在于改变自己而非改变他人

问：更换一个灯泡需要多少位心理学家？

答：只需一位，但灯泡必须是自己真的想改变。

在理智上，我们都认可本章这个真相，但我们的行为往往却表明，我们并没有真正地理解它。我们可能在心里认为，自己不能强迫别人进行改变，但我们仍然会抱怨伴侣没有足够的上进心，也会不断提醒我们的孩子要好好学习，“不然就……”。为什么我们要投入这么多精力试图改变自己所关爱的人的行为呢？为什么我们不明白，这样做不仅不能帮助对方改变，甚至可能会损害双方的关系？让我们以一个丈夫为例，在他认为重要的活动上，他的妻子总是迟到，他很讨厌这一点。当妻子在他公司的年度商务晚宴上迟到，或者当妻子的迟到导致他们错过了期待已久的戏剧的开场时，他的反应就是跟妻子冷战，对她进行讽刺，在别人面前贬低她，反复教育她“准时”这种美德有多重要，他甚至会威胁妻子说自己不愿再跟她一起参加某些活动。

现在想想你为了操纵别人的行为而做的所有事情。你是否曾经对别人有过唠叨、说教、乞求、恳求、责骂、哄骗、比较、吓唬、侮辱、威胁、惩罚？你为什么要采取这些不计后果的策略？毕竟你知道，除非是别人自己想要改变，否则你没有能力改变他们。你可能曾经因为某人迟到而威胁、贬低或责骂他，但是，这种做法除了激起这个人对你的愤怒，以及他对你试图控制他的行为所产生的不满以外，并不会产生任何影响。明明知道自己的策略不起作用，你却仍然会坚持使用这些策略。这到底是怎么回事？要回答这个问题，我们需要研究他人对我们实施的无效策略的反应。

暂时控制他人似乎好过无能为力

通过对他人进行责备、劝说和吼叫，你可以改变他人的行为模式，但这只是暂时的。只要父亲愤怒地看着孩子，这个受惊吓的孩子就会停止嘲弄他弟弟。如果丈夫被妻子责骂，那么他可能会马上去收拾客厅中用过的碗筷。如果妻子感受到了丈夫的威胁，那么一贯拖沓的她可能会为活动立马做好准备。操纵他人的行为就像酒精和某些药物一样：这种做法虽然可以在短期内缓解问题，但它并不会改变他人或解决潜在的问题。只要能缓解短期的痛苦，一个人就会重复这些行为。

比方说，琼对她的丈夫罗伯茨感到很生气，因为他的花销超过了夫妻俩的预算。琼已经对丈夫下了最后通牒：如果他再继续这样毫无节制地花钱，那么她就要离开他。尽管琼知道这些威胁不会有长期效果，但她仍然继续这样做，因为这样做可以：（1）释放她的愤怒，这种宣泄情绪的感觉很好；（2）在她的威胁之下，罗伯茨会对她道歉，有时他甚至会暂时改变消费习惯；（3）培养权力感和控制他人行为的错觉。果不其然，当事情平静下来后，罗伯茨又恢复了往常过度消费的习惯。

在某些情况下，我们通常都会有一种不可抗拒的冲动，想要改变所爱之人的行为，因为我们认为如果自己什么都不做的话，那么这似乎会招致可怕的后果。如果涉及父母和行为不端的孩子，那么这更是一种常见的反应。例如，蒂姆和贝齐正在与他们上中学的儿子贾森角力。夫妻俩都是研究生学历，都在他们的职业生涯中小有成就，并且都对儿子的教育非常重视。一方面，儿子很清楚他们对教育的看重；另一方面，他们也知道，当儿子在学校里捣乱的时候，他根本就无视父母的权威。蒂姆和贝齐不喜欢这种无能为力的感觉，因此，他们使用了所谓“最佳”的教育技巧来控制孩子，即不认可儿子的学习习惯。这种策略不仅没有效果，反而适得其反。贾森的学习时间比以前更少了，他还逃课、不做作业，贾森正是用这种方式来回击父母对他的批评。按理说，作为聪明人的蒂姆和贝齐应该能认识到，贾森正在反抗父母为了让他好好学习而做出的持续努力，但是，他们为什么还要坚持老办法呢？因为他们所做的一切能让他们感到自己对儿子有某种权力感和控制感。但这只是他们的错觉，他们不可能用恫吓威逼的方式让贾森成为一个好学生。

我们来看一个极端案例，这个案例可以说明，当我们试图说服别人改变或要求他们改变时，这些策略为什么往往不起作用，以及它们是如何伤害而不是强化我们与他人之间的关系的。丹尼丝嫁给了总是酗酒的查利。尽管查利的医生警告他说，如果再不改变他的行为，那么他就活不过 6 个月了，但他还是继续喝酒。丹尼丝尝试过各种策略来劝说查利控制饮酒。她把查利赶出了家门，后来又把他接了回来；她与查利商量好，他只能在屋外喝酒；她让查利保证只喝啤酒；她还要求查利把全部工资都交给她，以便她能控制他的买酒行为。不出所料，查利仍在喝酒，而丹尼丝比以往任何时候都更沮丧，她很害怕丈夫活不过 40 岁。同样令人感到不安的一点是，丹尼丝对查利酗酒的反应使他们之间产生了隔阂。查利违背了自己的承诺，丹尼丝对这种出尔反尔的行为感到愤怒和沮丧，而查利则对丹尼丝总是命令他该怎么做感到不满。

嗜酒者家庭互助会是一个自助戒酒项目，它旨在帮助那些喝酒成瘾的人戒酒。丹尼丝可以从嗜酒者家庭互助会中受益。嗜酒者家庭互助会与匿名戒酒会的原则相同，它强调“爱的分离”模式，它教导互助会成员将注意力从酗酒者身上移开，转而关注自己。也就是说，酗酒者的伴侣要学会思考“3个C”：“我没有造成（cause）饮酒问题；我不能解决（cure）这个问题；我必须学会有效地应对（cope）这个问题。” 当然，这一点说起来容易、做起来难。

本章这个真相告诉我们，不要改变他人，自我改变才是保持健康关系的关键。如果你把注意力放在自己身上，专注于自己能做的事情，那么你就可以对自己关心的人产生间接但重要的影响。现实情况是，你只能控制你自己，如果你无法做到这一点，那么你做的很多事情就会适得其反。

4种自我改变的策略

同样，一开始我们会觉得这个真相是违反直觉的，因为你的天然冲动就是试图拯救一个正在堕落的人，特别是当这个人是你的所爱或者至亲时。你想要通过威胁、哄骗、操纵和批评等方式，来让这个人改变。一旦认识到这样做是行不通的，你就要考虑其他有效的替代方法。幸好我们有一种以自我改变为重点的4步法。当你遵循这些步骤时，你就会发现对方对你的需求做出了更多的回应，他可以更清楚地意识到自己的问题，并且更有动力以积极的方式改变。

1. 恰当地表达感受。以第一人称谈论你的感受，全权为自己负责。要学会用第一人称来思考和交流，比如“当你说我一无是处时，我感到很受伤”“在聚会上迟到，我感到很尴尬”“你酒后驾车的时候，我很担心你的安全”“当你同意放学后修剪草坪却没有修剪时，我感到很失望”。你可以与对方分享他的行为对你的影响，而不是说“你很懒”“你是个骗子”，或“我是老子，你是儿子，不是吗？”。这些都不是在表达感受，只是口头上的贬低和辱骂。即使你礼貌地表达了批评，或者修饰了你的言辞，比如“你是不想伤害我，但你还是在欺骗我”，或“你应该知道，最好不要挑战你的老师”，但你还是做错了，这样一来，拥有权力感和控制感的始终是别人而不是你自己。

2. 提出具体要求。与其威胁或要求对方，或者明确告知对方你有多大的权力，不如尝试通过表达情感需求的方式来使用你自己的权力。这并不是说我们要不断地抱怨或发牢骚，而是我们应该以请求的形式表达自己的感受。举例如下：“你决定结束这段关系，我很受伤。我希望你能重新考虑进行婚姻咨询。”“我担心你今年可能会挂科，因此，我希望你能重视一下自己的学习成绩。”“我已经准备好结婚了，因此我希望我们能对彼此忠诚。”“你这么称呼我，我很受伤，因此我希望你以后别这么叫我了。”提出请求的同时表达你的感受，这样一来，你就能明确，他人的行为正在给你带来不好的感受，而一旦他们改变了这种行为，你就很有可能会感觉更好。你既不是在评判，也不是在告诉对方你认为他应该怎么做，你只是在陈述你的感受，并请求他采取某种能照顾到你的情感需求的具体行动。

3. 建立自我界限。在第 8 章中，我们将更详细地讨论如何在生活的各个方面设置界限。在这里，我们讲的是如何建立你的自我界限。你可以在自己的生活领域内提出明确且合理的要求，比如“我不允许在我的车里吸烟”，这就是一种个人界限。再比如，“如果 15 号之后没有付完全款，那么我们将收取 5% 的违约金”，这就是一种常见的商业界限。限速则是一种法律界限。你有权对影响你自己的行为设定合理的界限。但是，如果你告诉伴侣“你不能邀请你的任何朋友或家人来我们家”，那么你可能就是在设置一种不合理的界限。

美国加州大学洛杉矶分校的传奇篮球教练约翰·伍登对他的棕熊队管理得很严格。他一直要求所有球员在整个篮球赛季期间都要保持头发干净利落。有一年，在训练的第一天，球队的超级明星留着长发来了，当伍登提醒他球员守则时，这位明星轻蔑地表示，他就是喜欢自己的发型，伍登无权告诉他应该如何留头发。伍登说："你说得对，我无权要求你换发型，但我有权为我的球队制定规则。我完全能理解你的感受，但是很遗憾，你不得不离开。" 第二天，这位球员自觉地理了发并回到了训练场。

利奥·布斯卡利亚是一位非常受欢迎的作家，也曾经是美国南加州大学的一位教授，他讲述了自己是如何首次接触到"界限"这个概念的。利奥年轻时曾在欧洲四处游荡，享受着他首次离开父母后独立生活的新鲜感。在欧洲待了一段时间后，他把钱都花光了。因此，他必须赶紧想办法，他决定通过西联汇款这种成本最低的方式提醒母亲他的财务困境，因此，他给母亲发了以下电报：

妈妈：

饿。

菲利斯

据说，他的母亲对着儿子的电报思考了整整一天，然后认为给他以下这个答复是最合理的：

菲利斯：

挨饿。

妈妈

利奥后来了解到，他母亲之所以发这样的电报，是因为她想帮助他成为一个独立的成年人，这种方式非常困难但极其重要。他至今仍然感叹母亲有足够的智慧来设定一种界限，这对他的成长和成熟有很大的帮助。

建立界限的其他例子还包括：

※ “如果你不吃些蔬菜的话，那么你就没有甜点可以吃。”

※ “除非你能保证，你对我是绝对的专一和忠诚，否则我不会跟你谈恋爱。”

※ “如果你再上班迟到，那么每迟到一次就会被扣半小时薪水。”

※ “我不想再这样被你辱骂了。如果你继续对我大喊大叫，那么我就离开这个房间。”

4. 认真为自己负责。当你为了捍卫自己的界限而做出某些必要的事情时，你就获得了权力。换句话说，为了保护自己，你要确保不只是口头说说，而是采取一些行动来捍卫自己的界限。除非驾驶员知道拿着雷达测速仪的警察在附近巡逻，否则限速可能没有用。若没有逾期惩罚，缴费期限就是枉谈。维护界限需要真正下狠心去执行，设定这些界限的人也应如此。

你不能控制另一个人，你既不能改变这个人，也不能解决这个人的行为问题。但是，如果他打你，那么你就可以报警；如果他大喊大叫，那么你就可以离开房间；如果你发现十几岁的孩子浏览成人网站，那么你就可以把电脑从他的房间拿走。你可以选择在你丈夫喝酒的时候不与他同睡。你可以停止和一个男孩约会，直到他抱着认真的态度去找工作和追求事业。如果你希望老板不要再辱骂你，但他却无视你的请求，那么你就可以辞去工作。

虽然你不能改变、控制或解决另一个人的问题，但是你可以好好照顾自己。这是一种强大的能力，即使这样做会让你感到恐惧或悲伤，或者让你失恋或丢工作，我们还是鼓励你尽可能地发挥这种能力。照顾好自己有助于你获得自尊，如果没有界限和这些界限背后的力量，那么你就给了别人利用你的权力，同时还告诉他们你可以接受这种行为。按嗜酒者家庭互助会的说法，这就是“改变”他人，即帮助一个人做有害于他自己和别人的事情。教育家吉姆·费伊和戴维·芬克强调，“爱与逻辑”的教育方法是一种调动他人能动性的预防措施，这种方法意味着你要确保以下 3 个“是否”：你是否知道你的期望是什么，你是否已经分享了你的期望，你是否已经表达了奖励和后果。

换句话说，如果你能意识到这些事情，那么你就不必为了试图操纵对方而在情绪上有过度反应，而是去执行那些你早就约定好的内容。

在你需要强大的时候，改变他人会让你变得软弱

人与人之间需要平等，这样一来，我们之间才能保持良好的人际关系。但是，当你想要改变某个人时，你就把所有的权力都交给了那个人，同时放弃了自己的权力。也许有的人会认为，你只是在帮助那些有需要的人，因此，你会觉得"改变他人"这个概念令人不解。有些来访者告诉我们，他们知道他们的伴侣、朋友或孩子身上有某种压力，而他们的行为只是为了减轻这种压力。因此，我们如何才能了解改变他人和为他人排忧解难之间的区别？让我们从下面的歌词开始，用《那就是爱情》的曲调来唱：

如果他正和瑞克喝酒，
你却帮他打电话请病假，
你这就不是帮忙。
如果她正寻找刺激，
你却为她买单，

你这就不是帮忙。

如果你已成年的儿子有两份工作，而且你知道他从不乱花钱，那么当你借钱给他，帮助他买一个更大的房子时，你就是在帮忙。如果你的妻子请求你给她的母亲打个电话，让你找个借口给岳母解释一下为什么那天晚上不能带她去购物，而你知道妻子一般都是直接和她母亲沟通的，但那天你的妻子压力很大，在这种情况下，按她的请求做就是在帮忙。有一个很好的经验法则可以让我们区分帮助他人和改变他人：如果你为某人做了一些他可以为自己或应该为自己做的事情，那么你就是在帮助他。当你想改变另一个人时，你就会阻止他体验他的行为产生的后果，他就不能从中学习到教训，也不能发生成长和改变。

还有另一种方法可以评估你到底是在帮助他人还是在改变他人。如果对方已经竭尽全力但仍然需要帮助，那么你的做法可能就是在帮助他。真正的助人者通常对自己的付出感到满意，而改造者则会感到愤恨。助人者会觉得被赞赏，而改造者会觉得被利用。助人者相信对方会有相应的回馈，但改造者则认为自己的付出有去无回。还有另一条经验法则可以帮助你评估你的行为。如果你比某个人自己还关注他的生活，那么你可能就是在改变他。如果你一直努力为孩子挣学费并且非常重视他的学习成绩，比他自己在学业上下的功夫还大，那么他能学到什么？他学到的不是工程、金融、文学或哲学，而是成绩不佳的后果将由你来承担。

重申一下，你不能改变别人，你需要改变的，是你的内心，这才是维持和改善人际关系的关键所在。如果你朝着积极的方向改变，那么你的变化就会对对方产生积极的影响。但是，你怎么知道自己是否真的已经准备好改变？还记得之前我们对一个真相的讨论吗？我们指出，沉浸在怨恨中比鼓起勇气改变自己更容易。为了克服这种对改变自我的抗拒，从而让你在生活中拥有良好的人际关系，你需要了解人类通常影响自身变化的过程。

改变自己以变得更有力量的方式

根据心理学家约瑟夫·普罗查斯卡博士和理查德· 迪克莱门特博士关于自我转变的研究，人们在变化过程中会连续经历 5 个阶段的逐步改变：

※ 第 1 阶段：思考前期。这是我们考虑改变之前的那段时间，或者我们对改变有抵触情绪的那段时间。

※ 第 2 阶段：思考期。这时我们意识到自己需要改变，并

且会权衡改变行为的利弊。虽然这时还没有行动计划，但我们明白改变行为会有好处。

※ 第 3 阶段：准备期。这时我们决定采取积极的行动进行改变，并且开始进行建设性的规划。

※ 第 4 阶段：行动期。这时我们正在进行真正的改变，我们开始追求更健康、更有益的行为。

※ 第 5 阶段：维持期。我们的改变过程至少有 3 个月的时间，这个时期的目标是继续保持，防止故态复萌。

想一想你现在处于这个变化过程的哪个阶段。你曾经仅仅考虑改变你与生命中某个关键人物的关系，现在的你是否已经超越了这一点？你是否已经决定在下次见到他时，一定要以不同的方式行事？你是否实际上已经执行了你的行动计划，比如，你已经开始谈论你对对方行为的感受，而不是批评对方的行为？找到你在这 5 阶段中的位置是很重要的，因为许多人都只停留在早期阶段，从未真正做出什么不一样的事情，从未改变自己。

普罗查斯卡和迪克莱门特发现，在没有发生改变的参与者中，40% 的人处于思考前期；另外 40% 的人处于思考期；剩下 20% 的人处于准备期。你的目标应该是确定你在哪个阶段停滞不前，然后，牢记这些阶段的内容和特点，尽最大努力通过每个阶段，直到你能采取行动发生改变并进行维持。你也可以把这种改变模式与自我改变的 4 步自助法结合起来使用。例如，第一步是恰当地表达感受，因此你可以先思考一下，为什么需要改变自己与另一个人相处的方式，然后为做出改变做好准备。这种系统化的方法有助于你将自我改变理论转化为实际行动。

回想一下查利和丹尼丝的案例，丹尼丝担心，酗酒的丈夫如果继续喝酒，那么他离死亡就只有几个月的时间了。到目前为止，她所有的努力都是徒劳的。虽然她无法让他戒酒，但她可以使用自我改变的 4 步法来改变她与丈夫的关系。第一，与其通过说教、恳求或威胁的方式来控制丈夫饮酒的种类和数量，丹尼丝还不如用第一人称来表达她的感受："我非常爱你，但你再这么喝下去，迟早会把自己喝死，我真的很害怕失去你。如果你还是不听劝，仍然要继续喝，那么我真的会很难过、很伤心。"第二，她可以向查利提出要求："我希望你能去戒酒康复中心。"第三，她可以设定界限："如果你继续喝酒，那么我就不和你一起生活了。如果你不去戒酒康复中心，那么我就离开你。我不会看着你用酒精摧残自己。尽管我无法阻止你喝酒，但我不会就这么眼睁睁看着你放纵自己。如果你做好决定了，那么就给我打电话。"第四，她必须要为自己说出的话负责，否则她就会在查利面前失信。

丹尼丝必须坚持和执行自己的界限，在丈夫喝酒的时候绝对不出现在他面前。如果有必要，只要他继续喝酒，那么她就离开他。

如果丹尼丝采用了这个 4 步法，那么查利就更有可能表示愿意面对他的问题并想要寻求帮助。通过改变她与丈夫相处的方式，并间接督促查利戒酒，丹尼丝正在维护她自己的权力。

在实践中进行自我改变可能有点棘手，因此让我们来做一些练习，以帮助你在生活中应用这一真相。

练　习

◎ 练习 1——评估你的改变倾向

想一想在你的生活中，最让你感到失望的人是谁。回想一下，当你感到失望时，你是如何与这个人互动的，以及你是如何试图改变或影响他的行为的。我们已经列出了几种人们用来激起他人反应的常见策略，找出你常用的一种或几种，并详细写出你对这个人说了什么：

1. 讽刺

2. 制造内疚感

3. 威胁

4. 逃避

5. 比较（“为什么你不能像约翰或琼一样？”）

6. 提高音量（吼叫）

7. 沉默应对

其他

◎ 练习 2——表达你的感受

这个练习很简单，请尝试用第一人称来直接表达你的感受，这些陈述的对象就是你在前一个练习中想到的人。

当你 ______________________________ 的时候，

我感到 ____________________________________

当你 ______________________________ 的时候，

我感到 ____________________________________

当你 ______________________________ 的时候，

我感到 ____________________________________

◎ 练习 3——ASSERT 公式

你可以用 ASSERT 公式来表达感受和提出要求，而不需要采取批评、怨恨和其他消极行为。如果你遵循 ASSERT 公式，那么在不控制他人的情况下，自我改变就会悄然发生：

A：获得对方关注（attention）。

S: 问题发生后立刻（soon）这样做。

S：指出具体（specific）行为，不要攻击对方。

E: 使用第一人称进行叙述，从你的角度讨论这个问题的影响（effect）。

R：给出一个新的回应（response）方式或一个替代行为。

T：重新界定你们之间的关系概念（terms）。并告知对方，使用新的回应方式或替代行为将如何对你们的关系产生积极影响。

现在，请运用 ASSERT 公式来处理你生活中的某段人际关系。在每个步骤中，你会做些什么和说些什么，请将其写出来：

A：你将如何获得对方的关注？

S：在你需要解决的事件发生后，你会在多久后进行讨论？

S：你会谈论什么具体行为？

E：这种行为对你有什么影响？

R：你想从对方那里得到什么回应？

T：一旦新的回应有效，你会如何界定现在这种全新的关系？

~~~~~~

~~~~~~

~~~~~~

◎ 练习 4——维护界限的执行方案

如果你的伴侣、孩子、父母或朋友表现出了令你无法接受的不健康行为，但他们不愿意改变这些行为并无视你设置的界限，那么请想好一些执行方案来维护你的个人界限。在这个练习中，请描述具体的越界行为，然后列出 3 种执行方案：

如果我的伴侣继续____________________________

我将______________________________________

我可以____________________________________

我准备____________________________________
~~~~~~

如果我的孩子继续 ________________________

我将 ____________________________________

我可以 __________________________________

我准备 __________________________________

如果我的父母继续 ________________________

我将 ____________________________________

我可以 __________________________________

我准备 __________________________________

如果我的朋友继续 ________________________

我将 ____________________________________

我可以 __________________________________

我准备 __________________________________

第8章

建立自我界限能使人免遭拒绝、侮辱和恐吓

我们的自尊心从不取决于他人的认可。

——雷·查尔斯

美国《大观》杂志在 2007 年 6 月 10 日刊中提出了这样的问题："为什么像哈莉·贝瑞、克里斯蒂·布林克利和西耶娜·米勒这样的美女，她们的伴侣也会出轨？"如果连这些女性都不能让她们的爱人快乐和满意，那么我们其他人还有什么机会？一位女性到底要多漂亮才能保证伴侣对她忠贞不渝、死心塌地？《大观》杂志的"好莱坞关系大师"凯瑟琳·爱丽丝在谈到这个问题时写道："这些女性的伴侣出轨是由于他们自己本身的问题，比如愤怒、无聊、嫉妒等，而不是由于这些女性缺乏什么。"爱丽丝提出，出轨者的行为只反映了出轨者本身的问题，而不是反映了被出轨者的价值或吸引力。那么，这些女性该如何保护自己不受其伴侣问题的影响？更重要的是，我们应该如何保护自己不受我们的所爱、至亲或者工作伙伴的刻薄言语和伤害行为的影响？答案是，建立自我界限。

了解自己的底线和他人的出发点

界限是将某种事物与其他事物分开的一条线。“自我”这个词的意思是“自己”，因此自我界限是对我们的底线和他人的出发点的认识。心理学家也把它称为自我分化。你所想的、所感觉的、所说的或所做的每件事都与你的自我表达有关。我所想的、所感觉的、所说的或所做的每件事都与我的自我表达有关。因此，我如何对待你，不是因为你是什么样的人，而是因为我是什么样的人。如果我对你很好，那么这只能证明我有能力并且愿意对你好。如果我让你屈尊俯就，同样，那么这也只能证明我有能力并且愿意让你屈尊俯就。

罗夏墨迹测验是一种心理学工具，受试者可以通过该测验将他的想法、感受，以及关于世界的独特看法以概念化的方式投射到一张满是墨迹的纸上。这种类型的测试被称为投射测验，这类测验旨在从一个非特定的刺激物，比如一团墨迹中了解一个人处理现实的方式。

别人在看待我们时，他们会把自己的看法投射在我们身上。这就是为什么有些人无视我们，而有些人却崇拜我们；为什么有些人怨恨我们，而有些人却迷恋我们。想一想你最了解的人，他们当中是否有人了解真正的你？他们对你的认识有不同的看法吗？一千个人眼中有一千个哈姆雷特。同理，一千人眼中就有一千个你，你既是天使，也是恶魔。每个认识你的人都会以他们独特的方式来看待你，并相应地用他们独特的方式来对待你。同样，每个人如何对待你，表明了他们是怎样的人，而不能表明你是怎样的人。你必须要建立明确的自我界限，否则你会很容易受到来自他人的负面的或过度积极的评价或行为的影响。如果你有一个朋友，他正好心情不好，于是他对你无伤大雅的言论做出了批评性的攻击，那么这并不是你的问题。但是，当你没有建立健康的自我界限时，你就会让它成为你的问题。下面这个盲人摸象的故事清楚地说明了这一点：

5个盲人分别踏上了探索真知的旅程。一位智慧的老师告诉他们要寻找一种奇特的动物，这种动物是智慧之源。他们只知道，这种动物叫大象。在他们的旅途中，每个人都遇到了大象，并开始触摸它，以了解这个动物具体长什么样子。第一个人摸到了大象的腿，他认为自己抓着的东西就像树干一样，牢固而结实。他感叹道，大象就像一根柱子。第二个人摸到了大象的耳朵，他觉得大象就像船帆一样。第三个人摸到了大象的尾巴，他说大象就像绳子一样。第四个人摸到了大象的长牙，他断定大象光滑而锋利。第五个人摸到了大象的舌头，他认为大象既湿润又温暖。当这5个人互相讨论时，每个人对大象的样子都有不同的说法。虽然每个人都发现了部分真相，但没有一个人发现这个动物的全部真相，也没有一个人发现是什么给了大象生命。每个人都根据自己的认知对大象这种刺激物形成了自己的部分看法。

心理学家发现，除非事先有所接触和了解（有毒或痛苦的刺激除外，比如巨大的噪音或强烈的电击），否则大多数外部刺激不会唤起人们的具体感受。一个事先不了解武器的人遇到持枪抢劫者可能会做出中性反应，而事先接触过的人则会有相当不同的反应。这一点在我们的人际关系中也是如此。想一想是不是这样：你把你基于过往经历所产生的看法投射到我这个中性刺激物身上，并相应地用你的方式对待我。你可能认为我是一个救星、一个白痴、一个欲望对象，或者是你生活中的绊脚石。那么，我是这些东西中的任何一个、一部分还是全部？这并不重要，至少在你与我的关系方面不重要，因为你会根据你对我的感知和看法来对待我。

凯蒂做了胃旁路手术，这是治疗她病态肥胖的最后尝试了，她希望能借此改变和延长自己的生命。胃旁路手术要求她彻底改变原有的饮食习惯：几乎所有她曾经认为是饭菜的东西现在都被禁食。感恩节那天，凯蒂一位朋友的朋友琼邀请凯蒂到她家里吃饭，凯蒂只能吃几口火鸡肉。琼并不了解凯蒂，当凯蒂拒绝尝试琼的火鸡馅料时，琼感到备受侮辱，因为琼对自己的拿手菜感到非常自豪，每年大家都对它赞不绝口。凯蒂试图给琼讲她接受了胃旁路手术的事实，还有如果她吃得太多就会生病，但琼还是觉得自己受到了侮辱，她坚持认为，没有人会拒绝尝试她烹制的火鸡馅料。

为什么琼会觉得自己受到了侮辱？首先，她的自尊心似乎有一部分来自别人对她本身以及对她厨艺的看法。凯蒂不愿意吃东西与琼的火鸡馅料是否好吃是两码事，但琼并不能将两者区分开来。乍听之下，至多是琼不讲道理，最差的情况是她有些精神错乱，但是，当我们感受到他人的拒绝时，琼的反应与我们许多人的反应并无不同。如果我们没有建立坚实的自我界限，那么我们就会觉得某种个体化的反应是普遍的，也许这种反应没有什么特别的含义，我们却无端对它解读出更多意义。因为别人不吃你的东西而感到愤怒和怨恨是一回事，但是，当你的自我界限十分脆弱，甚至到了影响你生命中最重要的关系的地步时，那就完全是另一回事了。

希拉与比尔已经结婚 30 多年了，但是比尔对希拉的爱并没有表现得很浓烈。不过，他们的关系还是很好，希拉也还算幸福。然后希拉遇到了卡尔，他拥有她丈夫比尔所不具备的一切——迷人、会调情，并且对希拉很迷恋。卡尔觉得希拉很美，并告诉了她这些。卡尔经常去她工作的地方看她，为她写情诗，还说他夜里躺在床上时很想她。希拉为了卡尔离开了她的丈夫，她感到自己与卡尔在一起时比生命中的其他任何时候都要快乐，因为她感受到了对方真正的爱慕与崇拜。卡尔深深地迷恋着希拉，他经常滔滔不绝地表达这一点。然而，当希拉与卡尔同居后，一切都变了。她开始发现卡尔身上有一种原来从未有过的冷漠，他既不再送鲜花，也不再写诗和表达赞美之词。卡尔对她的感情完全消失了，这是因为一旦卡尔征服了希拉，希拉对他来说就不再是一个有价值的战利品。希拉告诉卡尔，卡尔的冷漠让她感到很受伤，这让卡尔对她更加冷漠。卡尔让希拉离开，希拉感到十分羞愧、十分挫败，而且觉得自己一无是处。更糟糕的是，她无法继续自己的生活。她不停地问自己："我到底有什么问题让卡尔不再爱我了？"她既失去了她的丈夫，也失去了卡尔。最糟糕的是，希拉还失去了自己。她需要以一个离婚女人的身份重新开始她的生活。然而，她所经历的难以消除的强迫性痛苦与丧失无关。这种痛苦的根源是，她认为自己毫无价值且不讨人喜欢。她反复问自己："我到底有什么问题？"

卡尔对希拉的迷恋与爱情没有什么关系。他过去也曾对其他女人如此浪漫，只是当这些女人爱上他时，他就把她们抛弃了。这都是因为卡尔自己有问题，而不是因为希拉有问题，也不是因为希拉所谓的“毫无价值”或“不被人爱”。然而，她内化了卡尔对待她的方式，这深深地伤害了她。在她的余生中，她再也没有跟别人谈过恋爱。

现在，让我们来看一看莫妮克的案例，她因为自己与男友卢克间的问题前来接受治疗。在他们恋爱关系的最初阶段，莫妮克相信她已经找到了可以与之共度一生的人，但由于卢克总是不尊重她，他们之间的关系便迅速恶化了。起初，当卢克在公共场合贬低她时，她会一笑置之或者试着忽略它。他的态度也使莫妮克无法与他认真地深入沟通。随着卢克继续他无礼的行为，她开始质疑自己对爱情的幻想和期待。她接受了卢克的消极态度，并说服自己可能是在某种程度上期望过高。

在治疗中，莫妮克开始意识到，她没有很好地建立起自我界限，这使她不免受到卢克的问题的影响。莫妮克明白，她想要的东西，比如坦诚沟通、承诺和尊重并不是什么过分的要求。卢克对这些合理愿望的轻视反映了他自身存在的困难，说明他很难与那些不完全逆来顺受的女人相处。莫妮克最终明白，她已经默许卢克欺负她了，是她没有按照亲密关系的健康标准行事。因此，她在自己周围画了一条象征性的分界线，明确区分开了她自己、卢克对她的控制欲、卢克跟女人相处的问题，以及卢克的欺侮行为。通过这种方式，她可以告诉卢克，他的哪种行为是不可接受的。当卢克无视她明确表达出来的期望时，她结束了这段关系。她认为，卢克拒绝满足她的期望并不是她有问题，这样一来，她就保护了自己，因此她能在没有悔恨或自我厌恶的情况下结束这段关系。

你无须对别人的言行负责

虽然我们反复强调自我界限，但人们并不善于构建和维护自我界限。因此，他们往往会陷入这种基于单一事件的“我有什么问题”的思维。作为治疗师，我们经常看到有一些人认为他们身上有很大的问题。约翰认为他一定天生不讨人喜欢，因为他的母亲在他两岁时抛弃了整个家庭，并离开了他。金尼觉得一定是她做了什么事才让她成为同学霸凌的对象。拉里质疑自己的价值，因为他的继父每天都打他，并经常把他锁在储藏室里惩罚他。

如果你被抢劫、被电话诈骗、被恋人或最好的朋友背叛、被邻居骚扰、被父母忽视、被你的治疗师引诱、被你的老板侮辱、被你的孩子藐视，那么这些事情对于你和你自身的价值来说意味着什么？并无关联！别人的行为不能决定你是什么样的人。例如，你是一个孩子，你应该被爱，而不是被虐待或被抛弃。作为爱人或朋友，不是你的原因导致你的所爱和至亲欺骗或背叛你。尽管他们可能非常不幸且非常痛苦，但这些行为并不是你造成的。尽管邻居家的松针落满了你的院子，但你没有义务对邻居家的松树负责。因此，你也没有义务对他人的行为负责。

如果你有明确的自我界限，那么这些事件就不会让你感到羞耻、悲伤或恐惧。如果你的朋友告诉你，他认为你是个懦夫，因为你不愿意跟他说实话，那么你肯定会觉得不好受。但他苛刻的言辞并不意味着你应该用他的指责来定义自己。你要保护自己，你要认识到他所说的更多是关于他是怎样的人，这显露了他的不安全感和恐惧，而不是定义了你。但是，你要明白，这并不意味着你应该把你所有的问题都归咎于别人，并且扮演无辜受害者的角色。如果我们不让来访者对自己生活中的某些问题负责，那么我们就无法帮助他们。那么，什么才是你的问题呢？你要负责的问题就是你的思想、你的态度、你的感觉、你的行为，以及你对他人行为的反应。他们的行为是他们的问题，而你的反应是你的问题。正如我们在婚姻咨询中对夫妻双方所说的那样，你们俩各自都要对你们 50% 的关系负 100% 的责任。

在前面这个案例中，可能是希拉的低自尊让她表现出轻浮、挑逗的行为，从而激发了卡尔去勾引她。希拉要对这些行为以及她糟糕的自我形象负责，但她绝不应该对卡尔的心态或卡尔得手后对她的恶劣态度负责。划定界限以保护自己不受他人言行的影响，对你的心理健康至关重要。没有这些界限，你就很容易受到像卡尔那样侵犯你界限的人所带来的伤害。你要时刻提醒自己，你只对自己的行为以及自己的反应负责。

建立自我界限不只在我们与伴侣或重要他人相处时有用，这种做法在养育子女方面也很有用。帕特 21 岁的女儿艾米从大学辍学并与男朋友私奔了，而家人都不喜欢她这个男朋友，帕特对此毫无心理准备，并且对艾米的行为感到惊讶。在她成长的过程中，艾米是 5 个孩子当中最体贴的一个，她也往往最尊重父母制定的规则。那么，这种不可思议的私奔行为是怎么来的？帕特呜咽着对她的治疗师说：“我一定在某些方面让她失望了。我到底做错了什么，让她不愿意我们去参加她的婚礼？她难道没有意识到我们会因此事受到打击吗？”

帕特的问题对大多数父母来说都很棘手，但她的崩溃更多是她自责的产物，而不是她女儿的行为导致的。尽管艾米在突然决定辍学、结婚和搬迁时并没有考虑她的家人，但不知为何，这成了帕特的错。她认为，自己作为一个母亲是失败的，而她丈夫却没有任何错。在帕特看来，一定是她做错了什么，才导致艾米不让家人参加她的婚礼。帕特无法将艾米自己的决定与她对艾米的教养分开。如果她有自我界限，如果她能明确区分她是谁以及她的责任是什么，那么她就不会因为女儿的私奔而如此纠结了。她就能成熟而谨慎地处理此事，从而继续与艾米保持牢固的亲子关系。

哪些责任是你的

虽然界限很重要，但也不能因此反对他人的共识意见。我们的意思是，如果你从许多人那里接收到相同的反馈或同样的行为反应，那么请注意，他们可能在提醒你一些你应该注意的事情。我们建议你试着接受你收到的所有关于你自己的反馈。至少，你要评估这些反馈，对其进行反思，并确定这些反馈是否合情合理。只要他人的反馈在理，你就要勇敢地面对和接受，并在必要时做出改变。如果他人的反馈与真实的你无关，那么你可以置之不理，因为这并不是你该负责的东西。例如，如果很多人觉得你很烦人，那么你可能确实就是这样，这就是你要面对和改变的地方。但即使你很烦人，别人要如何回应你，也是由他们决定的。也许他们尽管被你烦扰，但还是喜欢你；也许他们会对你说的一些讨厌的事情义愤填膺，但没有表现出其他反应；也许他们会告诉你，你让他们觉得很烦，但他们还是爱你；也许他们会完全不理你，并给你留个纸条说你太烦人了，你不能做他们的朋友。所有这些反应都是他们自己的决定。你可以评估这些共识意见，判断它们意味着什么，然后确定你想如何回应这些反馈。

换句话说，如果有人告诉你，你看起来像一匹马，那么你可以对这种说法一笑置之。如果第二个人说你像一匹马，那么你可以判断，这是否只是一个巧合。如果第三个人说你像一匹马，那么可能到了你该买个马鞍的时候了。虽然来自他人的持续反馈有可能令人痛苦，但也许这些反馈恰恰是我们需要听到的信息。如果你所有的朋友都说你很吝啬，那么你就勇敢地承认这一点，并在下一次午餐时买单。如果你不断听到有人说你的头发很美，那么请相信这一点，并且保持微笑，对赞美者说谢谢。如果《美国偶像》节目的所有评委都说你五音不全，那么不要给你的律师打电话，而要给你的声乐老师打电话！

自我界限可以让你正确看待他人的一些令人讨厌的行为。想一想你生活中的某个人，他所做的或所说的哪些事情会让你感到烦恼：可能是孩子的羞怯，丈夫的自私，女朋友的唠叨或老板的批评。不管是什么，认识到这些言行源于他们自身而不是你，就可以减少这些行为对你的影响。虽然你并不能让这些讨厌的行为消失，它们仍然可能会伤害你，但唯一能让你觉得备受打击或崩溃的事情一定是那些只由你负责的事情。第 7 章所讲的真相告诉我们，并不是你造成了这种行为，你也无法控制它或解决它，但你必须应对它。请赋予自己权力，而不是给别人权力来决定你的感受。同样，请你努力理解他人行为背后的出发点，你越是了解另一个人，你就越不会把他的行为归咎于你自己。

你要知道，当你的母亲在工作上有很大的压力时，她可能会脾气暴躁，说一些言不由衷的话。当你的姐姐在婚姻中遇到压力时，她可能会逐渐疏远你，让你觉得自己做错了什么。当你的男朋友缺乏安全感时，他可能会指责你对她不忠。当你的小组业绩未达月度目标时，你的老板可能会事无巨细地监督你的工作。人们都会做对他们有意义的事情，而不是做你希望他们做的事情。如果你了解他们的行为模式，那么为什么不期望他们做他们想做的事情，而是期望他们做其他事情呢？更重要的是，为什么你不建立自我界限，从而不让他们的行为方式对你产生负面影响？

对治疗师来说，最让人恼火的是那些没有提前打电话取消预约，却未按时前来咨询的来访者。我们担心他们可能发生了什么事。我们会想，是不是我们在上一次治疗中说了什么或做了什么，导致他们不来。但是，如果我们知道来访者之前也有过同样的失约行为，而且他现在还是这样，那么我们就不需要太在意，因为它是个人行为，不是针对你的。这样理解他人行为可以减少我们的痛苦和挫折感，因为我们没有把它个人化。我们既不会因为来访者没有打电话而觉得自己是个糟糕的心理学家，也不会因为来访者的迟到而得出结论，即认为他的迟到意味着我们不值得尊重。

为了保证你的界限是清晰明确的，你可以把自己的生活看作一部电影，把你认识的人看作电影中的人物，这样可能会有所帮助。在一部电影中，每个人物都保持着自己的性格。你可以在自己的心里给每个人贴上标签：精神病患者、好女孩、最好的朋友、书呆子、浪漫的主角等。基于这些标签，你就会知道自己对每个人的期望是什么。电影中的恶霸不会突然变成英雄，而轻浮的同事依然佻薄。如果他们罕见地改变了自己的行为，那么这通常是因为他们遭遇了重大生活变故，比如亲人死亡或类似事件。然而，即使在电影中，这种 180 度的大转弯也并不真实。你可以把你的家人、朋友和同事看作电影中的人物，并且建立一个心理清单，列出每个人的主要特征、怪癖、问题和优点。根据这个清单，你可以对每个人的行为方式设定合理预期。当某人做了一些冒犯或伤害你的事情时，你可以对自己说："这只不过是他的本性。"你这是在提醒自己，这就是他自身的性格，他的行为与你无关。

埃琳每周都会给她母亲打一次长途电话，母亲对埃琳及她的生活方式极度不满，埃琳每次都要在电话中忍受着母亲对她的苛责。埃琳的母亲表面上是给她提一些所谓有用的建议，实际上是为了掩饰她对埃琳的不满。埃琳已经内化了母亲对她的批评意见，并且陷入了母亲对她的否定。埃琳需要更好地理解她的母亲，以设定和执行她的自我界限，而不是辩解、否定、争论或哭着挂断电话。为了实现这一目标，我们让埃琳列出她母亲在谈话中可能会提出的建议和批评。在她们通话之前，埃琳可以预测母亲可能会提出的各种意见。通过这种方式，她能将自己从母亲对她的批评中分离出来。通过预测她母亲可能会提出的问题，她对她母亲自身的问题有了一些了解。她不再觉得母亲的批评有多么刺痛人心，而且她也认识到，这些苛责的言辞正说明了母亲自己有问题。正如埃琳所说：“如果我更了解母亲，那么我就会更少地把她的问题个人化。”埃琳对母亲的观察值得我们效仿，你越是了解一个人，你就越不会把他的行为当回事。

社交黑带

认识自我界限，即了解你的底线和他人的出发点，可以帮助你获得社交黑带，从而在人际交往中游刃有余。武术黑带使人们拥有最高能力保护自己免受各种人身威胁。同样，社交黑带也为人际交往提供了保护。如果你有这样一条黑带，那么你就能抵御无礼之人的冒犯。如果你能认识到，贬损的言辞是他人自身的问题，而不是你的问题，那么你就能抵挡各种侮辱你和冒犯你的评论。这样的黑带也会帮助你从花心伴侣对你的伤害中快速地走出来，它不会让你觉得自己不值得谈美好的恋爱，而是给你勇气，并鼓励你进入一段全新的、也许更好的关系。你也可以用这条黑带来帮助自己有效地处理他人的拒绝，包括来自老板、爱人和朋友等人的拒绝。你会认识到，这种拒绝只是说明了这个人希望自己当下做什么，并不意味着其他人也会因为同样的原因拒绝你。

你随时可能会被拒绝、被侮辱、被嘲弄或陷入难堪，因此，你要为此做好准备。无论你有多聪明、多成功、多有同情心，别人可能都会戳到你的痛处。他们甚至可能不知道你的弱点在哪里，但不知何故，他们所说的或者所做的就是恰好戳到了你的痛处。如果你拥有一条社交黑带，那么你就可以阻挡或者至少在一定程度上消减这些打击对你的影响。当你认识到，这些只是表明了对方是个怎样的人，你就很少会或根本不会被这个人的言行所伤害。同样重要的是，当你意识到自己可以承受这些攻击和伤害时，你就会获得勇气和信心。当你明白一点，即你是怎样的人跟刻薄的老板或情人对你的评价毫无关系时，你就会在很大程度上摆脱自己对人际关系的恐惧。换句话说，当你知道其他人不能像过去那样摧毁你时，你就可以释放内心的恐惧，勇敢地与他人建立更加积极的关系。

社交黑带还可以让你有能力去做一些事情，有社交恐惧症的人往往像躲避瘟疫一样逃避这些事情。它们可以是独自参加一个聚会，可以是领导一个团队，可以是主动与一个陌生人交谈，甚至可以是熟练地做公开演讲。简而言之，无论你在哪里，无论你和谁在一起，拥有一条社交黑带都可以让你发自内心地感到舒适。

那么，你如何才能获得这样一条社交黑带呢？就像获得武术黑带一样，你需要不断地练习，以便界定和建立你的自我界限。你要尽力放弃对他人的思想、情感和行为进行负责的心理，始终牢记人们总是会做对他们自己最有意义的事，而不是做最让你高兴的事。社交黑带其实是一种对你的人际交往有价值的心态："我是有价值的；我是这里的一分子，（在这个团体、家庭、小组等的）其他人也是这里的一分子；我只能以自己希望如何被对待的方式来对待他们，但我无法控制他们如何回应我。我愿意更多地了解自己和他人，必要时我会试着勇敢地做出积极改变。除非我接受，否则别人无法通过他们的言行来伤害我。在生活中，我不会因他人的言辞感到恐惧，而是会认真且合理地评估他们的反应，我始终记得，我只是他们投射自身的一个刺激物。”

下面的练习将帮助你实现这一目标。

练　习

◎ 练习 1——分化

这个练习旨在帮助你熟练地把自己的价值观和信念与他人区分开来，并划定你的自我界限。首先，想一想你生活中的一个关键人物，在你与他相处时，具体是什么课题带来了压力或其他问题。例如，你和你姐姐可能经常为你选男朋友的标准而争吵。无论你想到的是什么课题和哪个重要人物，下一步都是要区分你对这个课题的想法和感受，以及对方对这个课题的想法和感受。接下来在一个人身上反复尝试这个练习，然后再在另一位朋友、同事或家人身上做一做这种练习。

课题 ______________________________

	你	他人 （比如伴侣、老板、父母）
价值观		
信念		
个人经历		
期望		
反应		

课题 ______________________________

	你	他人 （比如伴侣、老板、父母）
价值观		
信念		
个人经历		
期望		
反应		

◎ 练习 2——分配角色

这项活动将帮助你对生活中的关键人物设定期望，使你能预测他们的行事方式，防止他们的负面行为侵犯你设定的个人界限。你可以把自己的生活想象成一部电影，然后把你认识的关键人物想象成一些主要角色。创建一个演员名单，其中你需要做到以下几点：

至少说出你生活中的 5 个关键人物，让他们在你的电影中扮演 5 个角色。

对每一个人进行简要描述，确定你预期他们会表现出的行为方式。例如，姐夫是个刻薄、缺乏安全感、思维敏捷的人。

根据这些描述，找到能形容每个人角色的完美词语。例如，姐夫就像小丑。

根据每个人的名字、标签和描述，写出一个简短的计划，说明下次你将如何处理他们表现出的行为方式，其中包括你的想法和行为。

◎ 练习 3——划定界限

要建立你的自我界限，先要想一想最近发生的某些事件，在这些事件中，另一个人的某些言行让你感到羞愧、难堪、一无是处、愚蠢或绝望。请将下面的句子补充完整：

当__________说我________________________时，我感到非常羞愧，因为______________________________

当__________由于____________对我很刻薄时，我感到备受打击，因为______________________________

当__________由于________________而教训我时，我觉得自己像个白痴，因为_________________________

当_______对我的工作大吼大叫时，我觉得自己非常失败，因为______________________________________

当______拒绝我的时候，我觉得自己再也不会遇到真爱了，因为______________________________________

现在，你可以用两种方式来改写每个句子。在第一种方式中，改写句子的第二部分，描述你为什么不允许对方支配你的感受。例如，你可以把“当朱迪告诉我，我们出去约会时，我让她难堪了，我感到非常羞愧，因为我一定是个愚蠢的人”改写为：“当朱迪告诉我，我们出去约会时，我让她难堪了，我意识到，她对我任何的批评言论都很敏感，因此我没有理由感到羞愧。”在第二种方式中，同样的句子你可以改写为：“当朱迪告诉我，我们出去约会时，我让她难堪了，这时我提醒自己，我是一个有同情心且有同理心的人，我会尽力为别人的感受着想。”这样做可以让你免受负面情绪的影响。

第9章

放手让别人做自己，而不必成为你期待的样子

丹尼斯从未料到他的妻子辛西娅会离开，更不用说还是跟他的好兄弟私奔了。他的妻子决定与另一个男人在一起，这让他感到很崩溃，他觉得自己遭受了奇耻大辱。然而，当丹尼斯对妻子的决定茫然不知所措时，他在当地的一个单身酒吧遇到了蒂芙尼。你可能觉得这个故事十分奇葩且不可思议。本来，辛西娅觉得这没有什么大不了的，但是，当她得知了蒂芙尼的情况后，她变得十分愤怒。因为她不想让她的丈夫和那些她看不上的女性生活在一起，所以她玩弄手段引诱丹尼斯回到她身边，并且甩了丹尼斯的好兄弟。丹尼斯上钩了，他回来与妻子过了一个周末，但还是觉得自己非常想念蒂芙尼，于是他决定回到蒂芙尼身边。然而，辛西娅并没有轻易放弃，她继续找理由让丹尼斯回来，并一直尝试着勾引他。丹尼斯偶尔会回来，与妻子辛西娅复合，然后又回到蒂芙尼身边。在接下来的几周里，他依然继续这种相处模式。

当蒂芙尼突然明白丹尼斯的所作所为时，她经历了前所未有的崩溃。她把这件事告诉了她的朋友和家人，当然，不出所料，她的朋友和家人都劝她远离丹尼斯。尽管如此，蒂芙尼仍然觉得这是一场她和辛西娅之间的竞争，一场她极力想赢的竞争。她的策略是：继续与丹尼斯纠缠。然而，她的策略没有奏效，丹尼斯和辛西娅决定再试一试，给彼此一个机会，看看能否修复他们的婚姻。为了挽救这段夫妻感情，他们找了一位治疗师，为的是学会信任对方。

虽然大多数人没有这对夫妻的经历，但建立信任始终是婚姻治疗的一个重要焦点。通常情况下，人们会说："如果解决了她的问题，那么你就可以信任她。" 然而，改变他人并不在治疗师或其他人的能力范围之内。那么，对于那些我们无法信任的人，我们该怎么办？我们要明白，他们就是他们本来的样子。同时，我们要知道，他们也不会成为我们希望或需要他们成为的样子。人们只会做对他们自己有意义的事，这些事不一定是对我们有意义的事，不一定是让我们高兴的事，也不一定是他们承诺会做的事。如果我们与其他人在任何方面都一样，那么我们就能信任每个人，而不必担心被利用或感到失望。但是，不是每个人都与我们的价值体系或期望相同。

信任类型

在思考这个问题时，我们意识到，我们并不是盲目或平等地相互信任。我们可能与伴侣的关系很好，遇到大事时我们绝对信任对方，但如果是倒垃圾这种鸡毛蒜皮的小事，我们反而不能完全信任对方。在有些情况下，我们相信伴侣会为我们提供经济支持，但我们可能不相信对方会改掉酗酒的坏习惯。总之，我们信任一个人的程度在不同的情况下差别可能很大。以下就是关于信任的一些具体差异：

※ 一个男人可能相信他的妻子在大多数情况下是忠诚的，但他知道妻子喜欢身材高大、皮肤黝黑的男人，她所在的男女混合垒球队的一垒手就是这样一个人。因此，这个男人参加了妻子的每一场垒球比赛。

※ 一个女人相信她十几岁的儿子不会吸烟，但决不相信他能照看他 5 岁的妹妹。

※ 一个男人可以把他所有的个人秘密告诉妻子，但他不相信妻子能驾驶他新买的汽车。

这些例子都有一个前提：我们相信人们就是他们本来的样

子，他们就是在做他们自己。这些事情不仅包括他们做得好的事情，也包括他们做得不好的事情。我们知道，如果一个人交往过 3 任女朋友，他在每一段恋爱中都出轨了，那么他很可能会在他与第 4 任女朋友交往时继续出轨。当他说自己现在已经变了，他保证以后会永远专一忠诚，我们可能会相信他。然而，我们很难相信一个人能违背他长久以来的行为模式行事。如果我们不再自欺欺人，那么我们就会知道，我们可以相信一个人做什么和不做什么。

我们无法改变他人。如果他们想改变自己，提升自己的认知水平，意识到自己的行为模式和潜在需求，保持积极的动力，并发展出更健康的行为模式，那么他们就能改变。无论我们多么想把某人变成我们认为他可以成为的人或应该成为的人，我们都无法单靠自己实现这种改变。然而，应用本章真相的问题是，我们的希望和需求破坏了我们信任他人成为他们自己的能力。当我们极力关注一个人是否能达到我们的标准或期望时，我们往往坚定地相信他们会变成我们想要的样子，而这往往大错特错。

父母与子女的关系充分证明了我们很难遵循这一真相。想一想父母是如何对待孩子的家庭作业的。父母会反复问他们的孩子："你今晚有家庭作业吗？你的家庭作业完成了吗？" 对于这两个问题，一般都是肯定或否定的回答。当父母意识到他们的孩子没有做家庭作业而且成绩很差时，他们就会感到不安。这种不安在很大程度上缘于我们如何看待信任被辜负这件事。“你明明没有做家庭作业，却告诉我们你的家庭作业已经完成了，你对我们撒谎了！”然后，父母决定惩罚孩子，通常是对孩子关禁闭。他们还有可能采取更强硬的控制手段，比如让老师在每周进度报告上签字，或者每天晚上和孩子一起做作业。

虽然从某种意义上讲，这种做法并没有错，但它说明我们往往会用期望代替现实。我们相信孩子会满足我们的期望，而不是任他们的天性而为。当他们做什么事都是任性而为，逃避责任，没有坚持到底的意愿和动力，或者对自己的行为不负责任时，我们就会感觉受到了伤害和背叛。我们以为他们是负责任的，或者我们希望他们一夜之间能突然变得很负责任，可事实却证明我们错了。虽然我们觉得他们辜负了我们的信任，但其实他们可能正在用行动向我们表明他们为什么会那样做。也许他们只是对数学不感兴趣，他们需要或者希望你督促他们更努力地学习；也许他们更喜欢弹吉他或玩电子游戏。与其感到受伤和不被尊重，不如听听孩子的行为在对我们说些什么。我们应该认识到，无论我们如何针对孩子的行为进行说教或惩罚，他们自己的天性往往比我们苛责的言语和严厉的惩罚更有力量。我们要相信他们就是他们本来的样子，而不是我们希望和期望他们成为的样子，这些希望和期望也许完全是脱离现实的。

我们总是欺骗自己，觉得那些一贯不负责任的人某天会突然变得很负责任。忽视本章提到的真相，意味着我们在生活中会不断对他人感到失望。如果我们相信别人一定会成为我们想要的人，那么这就像在一个夏季的早晨，当我们在佛罗里达州西南部的户外漫步时，我们期待着下一场大雪一样。我们想要下雪并没有错，只是我们不太可能得到自己想要的东西。在佛罗里达州的夏季，当我们站在户外时，我们感觉空气闷热潮湿才是合理的。寄希望于一个不可能的结果，就是在为未来的失败埋下祸根。

当父母带着学习成绩糟糕的孩子去看心理健康专家时，孩子一开始可能会在一定程度上改变他的行为，这可能是由于父母和专家关注到了他以及他所出现的问题。然而，当父母和专家对孩子的关注减少，孩子又恢复到他往日更舒适的行为时，父母就会感到非常失望。但这并不意味着我们应该放弃那些不做作业的孩子，相反，他们有可能改变并且变得更加勤奋，但他们必须先要发自内心地认识到做一个好学生的重要性，并且将这个观念内化。

我们只能相信人们会做对他们自己有意义的事情。对一个不爱做作业的学生来说，学习可能没有意义。如果一个人的某种行为让我们吃惊，那可能是因为我们并没有像我们以为的那样真正了解我们所关爱的人，这也是我们感到很受伤的很大一部分原因。这个人不仅做了我们确信他绝不会做的事情，而且即使他与我们面对面，我们似乎都不能完全了解他，他仍旧是个谜。我们可能觉得越亲近的人越不值得信任（并非出于恶意），却没有认识到，问题恰恰在于我们总是会误解对方的动机和行为。

选择信任某人实际上是信任我们自己。爱人可能会再次出轨，孩子可能会少报家庭作业，销售人员可能会撒谎，但我们相信自己能恰当地处理这个结果。例如，凯伦准备开始和蒂姆约会，这个人是她的朋友吉尔的前男友。吉尔告诉她，蒂姆人不错，他聪明、成功、有魅力，但就是爱拈花惹草。吉尔说，他们之所以分手是因为蒂姆在他们交往期间还和另一个女人约会，而且她还听说，蒂姆对他的前女友也做过同样的事情。不过，凯伦还是相信，她和蒂姆之间肯定会有一段特别的爱情。他们的第一次约会很愉快，一个月后，凯伦开始考虑与蒂姆结婚。然而，蒂姆一个星期都没有给她打电话，他最后承认，他一直在外地看望他的前妻，虽然他和前妻发生了关系，但他更多是出于“怀念旧情”。

吉尔曾对蒂姆的行为感到十分失望，但她清楚地知道自己必须做什么。她告诉蒂姆他们之间已经结束了，在为可能发生的后果难过了一阵之后，她开始了自己的生活。在大多数情况下，她并没有为失去蒂姆而闷闷不乐或哀伤。她绝对相信自己，相信自己有能力找到一个像她重视蒂姆一样重视她的人。在他们的恋爱关系结束一周后，吉尔说自己很少会想到他，也没有因为失去他而感到崩溃。总之，吉尔始终相信自己。最初，她可能希望蒂姆会变成一个他并不会成为的人，但这种不切实际的信任在他出轨后不久就结束了。

但是，许多人都做不到吉尔那样；他们就像凯伦一样，相信一个人会一改往日的正常行为模式，在一夜之间神奇地发生改变。治疗师经常看到一些来访者非常渴望谈恋爱，但他们却知道对方是不值得信任的。然而，他们对这段恋爱关系的期待十分强烈，甚至到了忽略常识的地步。一位治疗师有个来访者，她曾经约会过一个男人，这个男人在第一次和她约会时就冲她发脾气。治疗师感叹道：“太好了！你在第一次约会时就知道了你需要了解他的一切。你可以相信，在你们以后交往的过程中，他遇到任何事都会立刻发怒并对你大吼大叫。如果这对你来说是非常吸引人的一点，那么你就继续和他约会，因为这就是未来会发生的事情。” 如果这个女人思维清晰，那么她就会正确解读这种情况，而不必让治疗师为她解释。大多数人在第一次约会时会尽力展现出自己最好的一面，而这个男人却在第一次约会时对约会对象大喊大叫，那么他可能会在以后的约会中继续甚至升级这种行为。不需要心理学家的解释，我们就能知道这个人有愤怒管理问题、控制问题以及可能的厌女倾向。

然而，有一件事的确需要治疗师来提醒我们，那就是我们要相信别人就是他们自己本来的样子。但即使是治疗师也不见得能阻止我们的信念，即相信别人会成为我们想要他们成为的样子。在这个案例中，这个女人对她的治疗师提出的建议视而不见，并且最终在这段恋爱关系中遭受了对方的侮辱和虐待。作为心理学家，我们有时会看到，因为一些来访者在他们还是孩子的时候，他们的父母从未给过他们认可，所以这些来访者在成年后的绝大部分时间里都在竭力获得父母的认可。我的一位来访者吉莉恩谈到，她希望得到父亲的认可和爱的肯定，但却从未得到过。她的父亲在她小时候经常出差，给予她爱和关注的都是她的母亲。无论是在学生时期还是在工作后，吉莉恩都取得了巨大的成功，她先是作为高中优秀毕业生在毕业典礼上致辞，后来又担任一家大型企业的首席执行官，但她的父亲从未承认过她的优秀，只是说了一句“干得不错”。吉莉恩非常渴望来自父亲的赞赏，否则她就不可能真正感到快乐，至少多年来她一直这样认为。她需要认识到，她的快乐不应该取决于他人的行为。此外，吉莉恩还需要面对现实，而不是继续让自己陷入失望。

我们能否再次信任

到目前为止，这听起来好像是我们在建议你要对你所关心的人的不良行为时刻保持警惕。但是，我们对人际关系的态度既不愤世嫉俗，也不悲观。我们的建议是很现实的。我们知道，如果人们在一段时间内表现出一种行为模式，那么不管我们多么坚信他们会变得不一样，他们很可能还是会将这种行为模式继续下去。如果你稍微变换一下角度来想想信任这件事，那么你也许就会明白我们的用意。是否信任某人是你的选择和你的问题，而这个人是否值得信任，是他的责任和他的问题。如果你的孩子说他的作业已经做完了，如果你的房客说支票已经寄出了，如果你的午餐约会对象承诺下次会准时到场，那么你可以选择相信，也可以选择不相信。我们在第 5 章中讲过的一个真相表明，人们可以选择收回他们做某些事情的许可。你可能有新的证据表明，这个人已经打破或正在试图打破他的行为模式。虽然你的伴侣过去曾欺骗过你，但也许经过咨询和反思，他已经承诺不再欺骗你了。

有些人能做到不再酗酒、撒谎、拖延、打人、骂人、入店行窃……为什么他们身上能发生真的改变？也许是对后果的恐惧，也许是精神上的信念，也许是情感上的成熟，也许是治疗上的干预，不一而足。虽然他们可以再次表现出过去的不良行为，但他们已经收回了允许自己做这些事情的许可。她曾两次告诉我们她已经戒烟了，那么我们怎么知道这次是不是真的呢？我们又怎么知道他没有一个秘密的电子信箱、手机或邮箱呢？我们怎么会知道那个十几岁的孩子可能只是恰好向我们展示了可以通过检查的成绩和报告呢？我们不知道，也不能确定。但是，我们的确有一个方法来处理我们的不确定性，并且这个方法可以帮助我们对自己是否信任他人做出一个明智的决定。你可以试试把代词“我们”改成“我”，来描述你根据自己的情况调整的思考过程：

“现在我知道了，我相信你只能是你自己，不管你是怎样的人，我都必须相信自己有能力处理你的行为可能带来的后果。我不知道我的房客是否会损坏我的房子，也许我相信他们不会，但如果他们真这样做了，那么我就会惩罚他们，我相信自己能处理好发生的一切。我不知道如果让我的孩子一个人待着，他是否真的会做作业，但我相信，在他不做作业时，我会有适当的回应。我不知道我的伴侣是否会最终结束她与另一个男人的关系，但如果她没有结束那段关系，我必须相信自己能处理好这种可能性带来的后果。如果她没有与那个男人了断，那么我可以选择终止这段关系；或者，如果我选择继续跟这个人过，我相信自己最终能应对很有可能发生的后果。”

与第7章中关于自我改变的真相一样，这种自我对话可以将主动权从对方转移到你身上。它会让你更加认识到，人们可能会让你失望，他们不会每次都满足你的期望。你所关心的人可能承诺改掉某种坏习惯，但却一犯再犯。这可能会伤害你，但如果你相信自己能处理好发生的任何事情，那么它就不会让你感到崩溃或不知所措。

你无法控制别人。虽然我们知道我们曾说过这句话，但它值得反复强调，因为我们很容易就忘记这一点。然而，如果人们并没有提升认知水平或取得任何进步，那么你就知道他们会根据自己的信念和历史模式行事。你是否想信任他人，同时忽略他过去的行为模式，这些都取决于你。如果对方的行为有悖于他的承诺，那么你还必须要学会如何应对。想一想，在对你不利的情况下，你相信自己会做些什么：

※ 当老板第4次承诺给你升职却没有兑现时，你相信自己

会辞职。

※ 你相信自己能意识到，你的孩子为了购买奢侈品会继续撒谎、欺骗和偷窃，而且在你带他去接受治疗之前，他不会停止这些行为。

※ 当你的约会对象决定结束跟你的恋爱关系时，哪怕你曾认为这会是一段比较持久的恋爱关系，你也相信自己能处理好失望和悲伤的情绪。

如果你相信自己有能力处理那些伤害行为，并在你达到极限时能采取行动，那么你在心理上就能更好地处理那些行为给你带来的消极后果。与其盲目地相信他人会做你认为正确的事，不如明智地相信自己有能力应对它们。

处理伤害：多一些行动选择

当你相信人们就是他们本来的样子时，你就不会下意识地做出反应，你会给自己多一些选择。很多时候，当父母面对在功课上撒谎的孩子，以及人们面对不断出轨的伴侣时，他们都会陷入一种熟悉的模式。每次抓到孩子撒谎，父母都会说同样的话来训斥孩子；每次抓到丈夫出轨，妻子都会威胁并要求丈夫做出那些假意的承诺。这些模式会让人极其愤怒和失望，而且情况不会有任何改变。但是，如果你相信人们就是他们本来的样子，那么你的愤怒和失望就会减少许多。与其让这些强烈的情绪支配你的反应，不如给自己一些其他选择。例如：

※ 你可以无视对方的行为。

※ 你可以再给对方一次机会。

※ 你可以表明这种行为是不可接受的。

※ 你可以原谅对方。

关键是，这是你的选择，你会根据自己对这个人过去行为模式的了解，以及未来可能出现的行事方式的预测，做出这个选择。

有充分的证据表明，在某些情况下，你可以相信，人们可以在某种程度上改变，而且通常是在特别痛苦的时候。然而，在其他情况下，当某个人按照他的行为模式行事时，你需要放下愤怒的情绪。不管是从道德上还是从其他方面，你都没有义务让某个人恢复到他以前在你生活中的角色或地位。此外，结束友谊或婚姻，以及不再无条件地接受孩子的一切行为，也是可以考虑的一种选择。请记住，为对方的所作所为而自责，对你没有好处。放下你的负面情绪至关重要。

你要记住，有的情况你可以妥协，有的情况你却没有商量的余地。根据作者巴沙·卡普兰和盖尔·普林斯的说法，每个人都必须知道他自己有哪些原则和底线，并且要设定标准或划定界限。你可以利用第 7 章所讲的“4 步自助法”来帮助你，因为它可以让你设定个人期望，然后把这些期望告诉对方，并坚持你的应对策略和界限。

史蒂夫是一位治疗师，他的办公室经理在未经允许的情况下挪用了他诊所的钱。当史蒂夫发现她不诚实时，立即向她要回了工作室钥匙并解雇了她。因为这件事，史蒂夫很受伤也很生气。不过，他还是让她恢复了办公室经理的职位。他很想相信这个经理，相信她会吸取教训，并且想告诉她，如果她再做这样的事，那么她就会面临可怕的后果。但史蒂夫最终意识到，他自己不能再相信这个人了。当这位经理一个人在办公室时，他总是会质疑她在做什么；他总是会怀疑，有这位经理在，他的来访者的信息是否安全。因此，史蒂夫最终还是解雇了她。尽管史蒂夫很想再给她一次机会，但他觉得自己太容易受伤，他担心她可能会故态复萌。有些事情是没有商量余地的，对史蒂夫来说，他的底线就是，一定要有一个诚实的办公室经理。

没有万无一失的方法会告诉你，你是否可以相信某人不会再犯同样的错误。如果你选择原谅，那么你就要接受对方有可能会让你失望。同时，你可以表示自己对对方的信任，但是不要把自己的快乐建立在对方的行为之上。有不忠伴侣的人有时很想原谅他们的另一半，但他们又会说："我不想再被愚弄和欺骗了。"就像我们常说的那样，这不是你的问题，这与你无关。真正的傻瓜是那个欺骗你的人，而不是被欺骗的你。如果你亲爱的奶奶陷入保险诈骗，那么这并不说明她是一个傻瓜，因为她自己就是一个说话算数的人，所以她期望那个骗子会履行承诺。这一点使她容易受到欺骗，但并不意味着她就是个傻瓜。选择信任他人并不意味着你很天真或很愚蠢，而是意味着你选择相信另一个人的承诺。

你可以选择相信别人所说的话，你不仅相信他们的承诺，还相信自己有能力处理这个选择带来的后果。我们可能会因为信任某人而受到伤害，但我们不会因为别人的所作所为而变得愚蠢、愚昧。

下面的一些练习可以帮助你相信，他人就是他们本来的样子。

练习

练习 1——识别背叛

事后看来，我们很容易发现，我们是如何相信他人一定会成为我们想要的人。然后，当他们按照自己本来的样子行事时，我们就会受到伤害，并变得失望。试试这个练习，找出你生活中发生的类似的例子。

1. 回想一下，你有没有给过哪个人第二次机会，比如伴侣、朋友、孩子、老板、雇员等，以便让这个人按照你想要的方式行事，而这个人利用这个机会所做的事情仍然让你感到失望。请写下这个人的名字。

2. 简要描述一下你原谅了这个人过去的哪些不良行为。

3. 详细说明一下，为什么尽管这个人有负面行为，但你还是给了他第二次机会。

4. 描述一下这个人利用这第二次机会做了什么，以及它带给你的感觉。

5. 回想一下，然后说一说为什么我们所希望的这个人的行为会是这样的。

◎ 练习 2——相信期望

你是否把自己的期望强加给了别人？这个练习可以让你识别自己是否有这种倾向。想一想你生活中的重要他人：伴侣、兄弟姐妹、父母、孩子、同事、老板。现在想一想他们当中的每个人，然后回答下列问题：

·我是否经常希望这个人能通过与以往不同的行为方式行事？

·这个人是否经常让我产生希望，让我认为他可以改变，然后他又用行动让这些希望破灭？

·我们的关系是否已经陷入一种模式，在其中，我总是恳求、威胁或哄骗对方，以便这个人的行为方式能有所改变，最后这个人却耍了我？

·这个人是否给我造成了重大的情绪困扰，因为我总是相信他下一次会有所改变，而下一次他却没有改变？

◎ 练习 3——科学怪人实验

从前面的练习中选择一个最需要改变的人。我们假设你有能力把这个人变成你想让他成为的样子，请描述一下这个人改变后的样子是怎样的：

现在，问问自己以下几个问题：

·你认识的这个人会成为你所设想的那样吗？

·他是否具备这种“理想人”的某些特征？

·让他在你的改造方向上做一些小的改变是不是更现实？

·这个人是否不太可能在哪怕是最小的方面变成你所设想的样子？

第10章

时间不能治愈所有的伤痛，
但我们可以学习如何放下

人生实苦。

——斯科特·派克

哀悼者们走过灵柩，他们依次表达自己对死者的悼念和敬意。凯一直聆听着他们亲切的言辞，还有安慰的话语。他们说，失去至亲的痛苦和悲伤总有一天会消失的。但是，他们这样恳切而善意的言辞是真的吗？随着时间的流逝，人们在情感方面所受的创伤真的能被治愈吗？

不一定。时间只会流逝，但它无法抚平任何伤痛。

如果你像大多数人一样，相信时间有治愈的力量，觉得每过一天，伤口就会愈合一点，那么我完全可以理解你。因为我们大多数人的感觉都是这样，创伤性事件过去越久，我们确实会随着时间的推移感觉更好一点。不过，真实的情况是，时间给了你机会，让你放下了情绪上的痛苦。5 年后你之所以感觉更好，是因为你有了机会与你的亲人好好告别，并且将你的注意力转移到了生活的其他方面，比如你可能遇到了自己的真爱。虽然随着时间的流逝，你的确感觉好些了，但真正治愈你的力量并不是仅仅几周、几个月或几年的时间。这种想法是错误的。这样的想法会让你产生一种错觉，即愈合是一种被动体验，你不需要做任何事情，只需要坐在那里，让时间发挥它的魔力。可惜，时间并不像你想象中那样，它不是这样发挥作用的。也许你身边至少有一个人在失去亲人多年后还沉浸在悲痛之中，为了理解本章这个真相的内涵，让我们好好看一下凯在失去亲人后发生了什么。

凯如何释放她的痛苦

凯在一场车祸中失去了她唯一的儿子马克，当时他刚满 17 岁。虽然时间已经过去了很久，但凯却依然无法从丧失至亲的痛苦中走出来。在事故发生 20 年后，由于深受抑郁症的折磨，她在医生的建议下接受了治疗。在她的第一次治疗中，她说与自己相伴 30 年的丈夫快死了，治疗师认为这是她身患抑郁症的原因。但是，凯欣然承认，她和她的丈夫只是拥有法律意义上的婚姻，他们的关系在几年前就已经恶化了，早已名存实亡。丈夫即将死亡，这件事虽然令人悲伤，但它产生的影响还不足以导致她患上抑郁症。不过，在丈夫去世后，她开始和她的治疗师谈起了儿子多年前的死亡。

马克的死是如此悲惨、如此出乎意料，因此，凯一时不知所措，她不知道在这场事故发生后自己该如何活下去。她的父亲常年缺席，她的母亲不仅有着超强的控制欲，还总爱贬损她，她觉得，在自己受孕怀上儿子的那一刻，她的生命才真正开始。在儿子死后，她的生命之火也随之熄灭了。在儿子活着的时候，她常常为儿子的成长和成熟感到欣喜，她认为这是自己生命中最快乐的部分。儿子的成就证明了她作为母亲的价值，儿子的挫折也给了她身为人母的机会，因此，儿子是她继续生活下去的精神支柱。在儿子去世后，她感到失去了所有希望，朋友和家人的好言相劝都无济于事。由于她的丈夫没有给她一丁点关心和安慰，她感觉自己与丈夫的心离得更远了，仿佛丈夫接近她就是吞下一种毒药，这种毒药会像杀死儿子一样杀死他。她的母亲寡居多年，只要凯在她身边，她就很安心。

凯最终决定好好活下去。她这样做不是为了自己，而是为了她的母亲。她不可能抛弃自己的母亲，毕竟那是不对的。凯找了一份房地产销售的工作。以前，她会经常联系母亲，如果有需要，那么她每天都会去看望母亲。但是，她现在的工作十分忙碌，她什么都感觉不到。忙忙碌碌的工作成了她的应对策略，从而帮她逃避了处理情绪上的痛苦。凯服用了 20 年的安定。由于服用了镇静剂，她没有任何感觉。在治疗中，她问道："我应该有什么样的感觉呢？"如果不是因为安定，凯甚至怀疑她是否能活下来。然而，她的伤痛其实一直没有愈合。在康复之前，她需要去感受，但凯不知道如何去感受，任何能让她想起儿子的东西，任何会引发悲伤或其他痛苦情绪的东西，都被安定消除了。

但是，她丈夫的死却让她重新开始去感受。它以某种方式让她充分认识到，她对安定的依赖已不足以让她渡过难关。她的儿子很早就去世了，凯可能已经明白，她已经被悲伤麻痹了太久，因此她给自己断药了。结果，生活变得更可怕了。不仅如此，她的愤怒也爆发了。她对她的父亲，对她已故的丈夫，对依赖她的母亲都感到愤怒。她甚至对命运也感到愤怒："你怎么能这样？你怎么能如此残忍？如果你真的知道失去独子的痛苦，那么你怎么能带走我的儿子？"

在一次治疗中，凯与她的治疗师谈到了《古惑丑拍档》这部影片，该片由年轻的汤姆·汉克斯主演。她看着这部电影的时候一直伤心难过，眼睛从未离开过屏幕，面前堆满了纸巾。儿子看起来就像片中的主演汤姆·汉克斯，他仿佛已经活过来了，只是为了跟一只流着口水的狗一起演一个愚蠢的故事。这部电影终于让她有了感受。她又租了一次这个影碟，看了一遍又一遍，直到她对此麻木，不再流泪也不再有任何情感。在感受到儿子离去的痛苦之后，凯明白，儿子已经永远地离开了。从理智上讲，她当然知道这一点，但在情感上，儿子的死亡终于唤起了她的感受和共鸣。她终于能以一种前所未有的方式向儿子告别。

她在写给死者的信中表达了自己的感受，她承认自己的心碎了，她承认自己十分受伤。在她激动情绪的背后，凯逐步揭开了悲伤的面纱，这是她与儿子最有力的联系。在儿子去世后第 20 年，她一直尘封在内心深处的痛苦终于得到了释放。凯此刻是自由的，她已经能自由地去感受、去表达、去放下。

在释放痛苦的过程中，凯其实是在放下马克，她能感觉到这一点。她也是在把自己从背负已久的重担中释放出来，从而告别没有感情的生活，这种生活既没有快乐和悲伤，也没有欢笑和痛苦，它缓慢、艰难，让人备受折磨。当她允许自己与儿子告别时，她就给了自己体验原始本真生活的机会和自由。她终于回到最开始的地方，一个能让她充分感受且正常生活的地方。学会了放下痛苦的凯，从一个破碎的麻木之人变成了一个快乐的感恩之人。在她的生命中，她第一次能勇敢地在自己与那个总是依赖她的、控制欲超强的母亲之间建立起界限。在此之后，她与母亲的关系反而变得更加亲密，她对母亲的怨恨也减少了。凯还爱上了一个鳏夫，并与之建立起了她年轻时一直梦想的那种恋爱关系。

凯治愈了她自己。她主动放下了已经去世的儿子。凯没有被动地等待时间来淡化伤害，而是与她的治疗师一起，在治疗之外做了必要的处理悲伤的工作，她最终完全放下了这种痛苦。这是她情感愈合的关键。

我们想要强调的一点是，这个真相关系到所有的情感愈合，而不仅仅是丧失至亲的痛苦。很多时候，我们会在遭受情感痛苦之后表现出一些毫无意义的态度或行为。我们丢掉了自己喜爱的工作，因为我们非常痛苦且充满怨恨，所以我们无法在任何岗位上好好工作。我们被所爱之人背叛，从此再也不相信任何人，有时候我们甚至无法再找到另一半或者无法维持一段有意义的关系。与至亲离世一样，我们在这种痛苦面前是被动的，我们总是相信时间会帮助我们消除悲伤，并避免我们陷入任何负面情绪或消极的情境。然而，我们应该做的是学会放下。让我们来看看，你如何能学会这个过程中的 5 个关键步骤。

情感治愈 5 步法

从凯的故事中我们可以看出，情感愈合是一个复杂的过程。也许你相信时间能治愈你的伤口，并且你会等待数月或数年的时间来等待这个结果。你可能会陷入羞愧或内疚的状态，不理解治愈情感需要什么。你可能并不清楚情感愈合所需的 5 个步骤。每一步都是必要的，因为如果没有这其中的每一个环节，我们就很难恢复并达到情感上的健康状态。前三个步骤是为释放痛苦做准备，第四个步骤是让你真正地放下。

1. 回忆

我们必须要回到当初给我们的生活带来创伤的部分，因为逃避或者抵抗都无法促进情感愈合。我们的心灵总是有能力掩盖那些痛苦的、无法承受的记忆和感受，将它们永远尘封在我们的内心深处。这就好像一个茶壶，当你打开火烧它时，水就会逐渐升温。当它达到沸点时，那么蒸汽就会从壶嘴冒出。然而，如果壶嘴被堵塞，那么蒸汽就会积聚起来。随着时间的推移，压力变得很大，茶壶就会破裂。当我们无法回忆时，我们就像破碎的茶壶。当我们把关键的记忆和感受隔离起来，未能完全或彻底地体验它们时，我们自身的一个组成部分就会破裂。就像凯一样，我们可能知道过去的创伤性事件，并且会有意识地努力将其隔离开来。当然，这也可能是一个无意识的过程，在这个过程中，我们没有意识到自己在回避那些事件和感受。

这两种情况都会损害我们的情感健康。

对关键记忆的无意识封锁特别危险，这在心理学上被称为压抑或动机性遗忘。美国俄勒冈大学的迈克尔·安德森博士是这个研究领域的专家。他在2006年的《新闻周刊》中指出，当我们做好准备去了解、接受和释放自己在生命早期的经历时，我们才能在多年之后很好地处理这些被我们遗忘且隔离的创伤情境和痛苦情绪。例如，吉娜现在已经70多岁了，但最近她才承认自己曾在童年时期经历了性骚扰。她的羞耻感，她反复出现的被追杀的梦境，以及她无法从可怕的婚姻中走出来，都证明了施暴者几十年来给她带来的挥之不去的影响。为了治愈自己，吉娜必须回忆并回到产生情感痛苦的经历中去。也就是说，她必须愿意谈论她生命中的某一部分。但是，具体应该怎么做呢？

关键是你要找到一个自己完全信任的倾听者。很多时候，这个人就是你的治疗师。如果你很信任这个人，那么你就会感到此刻说出当时事件的真相比在其他任何情况下都更安全。治疗师可以给你提供足够的安全感、关怀和信任。我们会经常对来访者说："说一说你的苦恼吧，是什么让你这么痛苦。"来访者通常都会积极回应治疗师，主动地倾诉他所遭遇的创伤事件，把治疗师带到他的回忆之中。要想彻底治愈，必须要清空创伤记忆库中的所有内容。有些来访者其实会在第二次或第三次来访时回到痛苦的经历或创伤中，这是因为他们还没有完全回忆起或表达出所有的痛苦经历。只有彻底地面对这些经历，你才能逐步地让自己放下它们。

2. 感受

仅仅能回忆起或者用语言倾诉某个创伤事件是不够的，你必须要感受这个事件。而在许多情况下，你也许从未认真地感受过它。凯是不是从未感受过儿子的死亡？因为她使用了安定和其他保护策略。这也是你在情感愈合过程中最有可能陷入困境的地方。正如心理学家勒妮·弗雷德里克森博士在她的讲座中所说，“这就是感受的问题”。人们总是会避免思考他们过去的创伤，不是因为经历本身的问题，而是因为他们在情感上受到了伤害。例如，他们再也不想感受自己在醉酒的父亲暴怒时所经历的恐惧，他们再也不想回忆自己在那一场可怕的车祸中仿佛被吞噬了的无助感，他们再也不想触碰父母离婚给小时候的他们带来的耻辱感。

很多时候，来访者对于进入这样的情绪状态非常抵触，因为这可能会再次唤醒他强烈的痛苦情绪。但问题不在于人们会重新体验第一次所感受到的那种痛苦，人们其实会频繁体验创伤，并把痛苦留在那里。例如，一个受到惊吓的孩子可能会在精神上和情感上把自己从创伤场景中移开（这个概念被称为解离），然后从隔离开的另一个有利位置观察这个情境。最后的结果就是，这些感受从未被处理，现实也从未被完全体验。虽然这样做暂时保护了孩子，但他无法从这一经历中完全恢复，因为他无法表达和释放自己一开始就没有感受到的东西。几年以后，往往是在治疗师的工作室里，他才可能最终允许创伤进入自己的意识，从而去感受、表达和释放他一生中大部分时间都在回避的情感。

未了结的情感或未解决的感受指的是那些从未被处理的情绪。治疗师可能会对你说，“你似乎从未处理过与你母亲的死亡有关的情绪”，或“对于你离婚的事，你似乎有未解决的愤怒”。这意味着这些事件以及与之相关的感受仍然会给你的生活带来一些影响。毫无疑问，你们当中的一些人可能会觉得自己足够坚强，可以处理这些未经解决的感受，你们以为只要把它们封锁起来，它们就不会伤害你或其他人。但是，没有人是“足够坚强”的。不然你为什么要把这种可怕的痛苦留给自己？更重要的是，多年来你在内心深处一直背负着它，你可能没有意识到，它一直在以某些消极的方式影响着你。

斯科特是一位好胜心非常强的大学篮球教练。他积极求胜的热情不仅仅是为了让自己的履历更好看，对他球队的球员，他也一贯是高标准、严要求。他保护这些球员的方式其实有些过激，因此，他所在学院的体育指导主任命令他去看心理医生，让他接受愤怒管理咨询。在对方球员严重犯规并伤害到他的球员后，他不止一次与对方教练对峙，并威胁这些教练说，如果这种犯规再次发生，那么他就会对这些教练进行人身攻击。虽然斯科特是真正关心他的球员，但他却错误地以愤怒的方式表达了这种关心。他似乎完全失去了控制，因为他竟然去威胁其他球队的教练。斯科特明白，在这些情况下，他确实有些反应过度，但他不明白自己为什么会有这样的行为。斯科特的内心有某种恐惧，这种恐惧时时刻刻都让他觉得，他需要极力保护他的球员，他对此义不容辞。当治疗师要求他找出恐惧的来源时，斯科特说："老兄，这不是恐惧，是愤怒！"

治疗师附和着说："行吧，那就给我讲讲你的愤怒。"

最后，斯科特告诉治疗师，在他小时候，他经常目睹父亲无情地殴打母亲，而他却只能无助而恐惧地站在那里。尽管他在心里想，这种事再也不要发生了，父亲再也不要殴打母亲了，不要再有人伤害斯科特所爱的人了，但是他只能被动地站在一旁。斯科特已经主动隔离了这段记忆中的情感，而不是这段记忆本身。这两者之间似乎有一些差别，但对斯科特来说，这却不是小事。抵抗这种强烈而可怕的感受保护了斯科特免受童年时期的痛苦，但这却让他在成年后表现出了过激的行为。通过表达他对童年经历的感受，斯科特最终能区分过去和现在。换句话说，他的球员所遭受的犯规与他的母亲所遭受的殴打是不同的。因此，斯科特明白，他对其他教练做出的充满愤怒的威胁是对当下情境的过度反应，而这种过度反应并不是一个可行的选择。他收回了自己以这种方式行事的许可，并努力尝试以新的方式思考这些情况，同时制订了一份计划，督促自己在以后的比赛中以更适当的方式行事。

3. 表达

尽管斯科特感受到了自己的感觉的重要性，但他还需要做得更多。仔细回想他小时候发生的事情，感受他当时所经历的愤怒和恐惧，仅仅是放下痛苦这个过程中的头两个步骤。斯科特发现，作为这个过程的一部分，他还需要表达自己的感受。这类感受可以用口头语言或书面语言表达，在表达的过程中，当事人常常会流下眼泪。你既可以把你的感受向个人，比如治疗师、爱人、至亲表达，也可以向团体，比如互助小组表达。

梅兰妮最近突然疾病发作，但是她的医生找不到相关的神经学基础，他怀疑这次发作是由焦虑引起的，就把她转介给了一位治疗师。梅兰妮被她的家庭压得喘不过气来，她承认自己现在非常痛苦，她怨恨每一个家人。她的哥哥曾对她进行性骚扰。她的父亲抛弃了整个家庭，然后很早就离世了。她的哥哥欺负她时，她的母亲从来没有站出来保护过她，当梅兰妮将哥哥对她性骚扰的事情告诉母亲时，母亲也不相信她。还有，她自己的丈夫在很多方面都让她失望。

治疗师借用了心理学家悉德·西蒙博士的一些工具和技术，并要求梅兰妮针对每个家庭成员完成一项任务，这个任务包含诸多内容。第一项任务是给每个家人写一封信，从梅兰妮的角度描述发生了什么，当时她的感觉如何，此后这个事件对她的影响，以及她现在会做些什么来放下这些经历。许多人在前三个步骤中做得很好，因为他们对伤害自己的人非常生气。但对于他们来说，最后一个步骤往往比较难，因为它要求写信人承担起放下痛苦的责任。治疗师随后给梅兰妮布置了第二个更具挑战性的任务，让梅兰妮模拟每个家庭成员的身份给她写一封信，在上面写一些能让她释放痛苦的话。例如：

亲爱的梅兰妮：

我花了这么多年的时间才给你写下这封信。我从来没有想过要面对我小时候对你所做的事情。

第三项任务是，治疗师要求梅兰妮编写一份清单，在其中列出与特定家庭成员的生活有关的 10 个事件或 10 种情况，以便让她清楚地知道，到底是哪些事件或情况“使他们成了他们现在的样子”。治疗师之所以要布置这项任务，是因为他要帮助梅兰妮理解，他人的行为都是关于他们自身的，是他们自己的问题，而梅兰妮不应该为那个人的特定经历负责，那是他人的事，不是梅兰妮的事。当梅兰妮说到她的父亲以及父亲为什么要抛弃她时，她说她爷爷在父亲 3 岁时也抛弃了家庭。此外，她奶奶是个控制欲极强且非常挑剔的人。梅兰妮还提到，她的父亲没有能力和勇气养育 4 个孩子。

这些任务帮助梅兰妮表达出了多年来一直压抑在她内心的感受。其实，要说出其中的某些感受对她来说是很困难的，她与治疗师的谈话中经常伴随着泪水。然而，在经历了这个过程之后，梅兰妮说自己心中的怨恨已经消散，取而代之的是一种解脱与平和的感觉。尽管表达她的感受和谈及她过去极其痛苦的经历很困难，但这是一种很好的释放和宣泄方法。在这次表达之后，她对自己和她的生活感觉更好了。

4. 释放

表达痛苦和放下痛苦并非同一件事。换句话说，尽管有些人谈到了他们的痛苦经历，但他们还是会继续痛苦。但是，当人们开始为此痛哭时，这往往才是他们走向放下的标志。开始哭泣表明一个人已经触及了情感创伤的核心。让来访者把伤害都倾泻在纸巾上，这往往正是治疗师的目标。但是，要永远彻底地放下这种有毒的情绪，眼泪和原谅还远远不够。

我们都知道，有的人会为了同一个问题夜夜哭着入睡，痛苦不堪。如果他们能感觉到自己的感受并将其表达出来，那么为什么他们没有变好呢？有些人尽管表达了他们的感受，但他们仍继续沉浸在这样的感受中。虽然他们不知道自己为什么要这样做，但他们陷入这样有毒的情绪是有原因的，比如让已故的人“活着”，不想为自己的幸福和成功承担责任，害怕爱上一个人会受伤害，等等。原谅和放下会减少我们想要沉湎于这些有毒的情绪的渴望。当我们选择原谅时，我们并不是在容忍或淡化别人做过的坏事，也不是为了表示扯平或无能为力，我们是站在力量的立场上原谅他人。这种力量是释放痛苦和愤怒的力量，而不是要报复或要求冒犯者道歉。

研究表明，如果人们接受了道歉，那么即使道歉不是真诚的，他们也会倾向于原谅他人。但是，你要知道，你过去经历中的某个人可能不仅不会道歉，而且可能会否认他曾经做出过伤害你的行为。多年来，我们有许多来访者经历了显著的个人成长，并且有了勇气去面对家庭成员过去对他们的虐待。但是，其他家庭成员却没有经历任何个人成长或改变，他们要么不承认自己做过的事情，要么非说是受害者导致了问题的发生。因此，抱怨他们的虐待行为没有用，有时家人们会团结起来为侵犯者辩护，受害者还会受到他们的一致排斥。

如果侵犯者的虐待行为得到证实，并且他们也道歉了，那么我们会更容易原谅他们。但要放下痛苦，证实和道歉都不是必需的。即使侵犯者已经去世很久了，小时候被虐待的人在成年后也可以学会放下这种情感上的痛苦。这些侵犯者无法道歉或认罪，但这些受害者却能原谅他们，因为他们明白这一章的真相所讲的道理：原谅是我们送给自己的礼物，而不一定是送给做错事的人的礼物。原谅他人是一种方法，它可以让我们放下那些多年来困扰和伤害我们的经历。有研究表明，从医学上和心理学上来讲，原谅对原谅者是有好处的。与心怀怨恨的人相比，学会原谅的人患心脏病、卒中、抑郁症和焦虑症的概率明显降低。暂且不说医学上的原因，单从心理学的角度来看，我们就可以推测，原谅是把我们自己所遭受的深深伤害释放掉的一种方式，尽管那曾经是十分可怕的经历，但我们现在可以通过原谅来释放它。原谅是一种解脱，它使我们内心充满了平和，而不是厌恶、怨恨、恐惧和羞耻。

但是，放下并不意味着你一定要原谅某人，有时它仅仅意味着告别。现如今人们的寿命更长，从朋友到家人，我们可以预测人生中要面对各种各样的伤害和丧失。就像下面这个案例中的玛莎一样，有时放下意味着我们可以接受失去一段有价值的关系。由于她总是与女儿争吵，玛莎在这 25 年来深受伤害。她的女儿决定不再让她参与家庭活动，这让她感受到了强烈的背叛。25 年过去了，她的伤痛并没有随着时间的流逝而痊愈。非得说有什么不同的话，那就是这种伤害在多年后比事件刚刚发生时更强烈了。正如我们的真相所说，时间本身并不能治愈伤痛，时间只会流逝。

玛莎主动接受了治疗。她很快发现，她一直在强化自己的痛苦和受到的伤害，因为她无法放下自己的负面情绪。她的治疗师解释说，她的女儿之所以这样做，是因为从女儿的角度看，当时对她来说这么做是有意义的。也就是说，在那一瞬间，女儿排斥玛莎是有意义的。她可以继续沉浸在这种伤害和痛苦中更多年，并为之烦恼和纠结，她也可以放下这个事情，让它过去。她可以跟女儿和解，也可以不跟女儿和解，但她不再需要通过一次又一次地重温因为被女儿排斥而受到的创伤，来保持这种痛苦的记忆。

曾经，玛莎总是在脑海中不断回忆这件事，并告诉自己她是如何受到了极大的委屈。当玛莎明白她有选择时，她认为到了放下痛苦的时候了。放下痛苦需要真正的行动，而不仅仅是做出心理承诺。她给女儿写了一封没有寄出的信，在信中表达了她的感受，并向她感受到的伤害和她的怨恨做了最后的告别。对玛莎来说，结果太神奇了，她最终释放了自己的痛苦和愤怒，而这种痛苦和愤怒已经持续了25年。她能清醒地看到，她已经与许多其他的家庭成员建立了积极的关系，包括她另外两个孩子。玛莎意识到，尽管她与女儿的关系已经无法挽回，但至少她不会再为自己的怨恨和受到的伤害而痛苦。

通过真正放下，玛莎可以再次感受爱和伤害。像大多数无法放下的人一样，玛莎曾创造了一个保护屏障，使自己不再感受爱与伤害。她不允许自己感受到怨恨和痛苦等情绪，但她也同时切断了自己与他人爱的连接，屏蔽了关爱他人可能会带来的伤害。从某种意义上讲，玛莎陷入了情感冷漠的囹圄，温暖的情感永远无法流入她的内心。这意味着她不会有大喜大悲，但这并不是一种能让情感保持健康的生活方式。

也许你能理解，这是因为玛莎需要保护自己免受强烈情感的影响。她之所以放不下最初的伤害，是因为她想时刻给自己提个醒，不要与其他人走得太近，因为他们可能会像她女儿一样排斥她、伤害她。许多人在治疗中一直心怀怨恨，并把他们现在的问题都归咎于过去的一系列负面事件。因为经历这些事件让他们感到痛苦和悲惨，所以来访者一开始往往会试图控制和指责他人。如果一直停留在指责他人的状态，那么我们就无法好好收拾心情，整理他人给我们的生活造成的一团糟的局面。因此，指责他人有可能是我们逃避责任的一种方式。尽管遭受了创伤，但选择继续陷入这种不健康行为模式的人已经不再是这些行为的受害者，而是变成了主动的参与者。

为什么有人会自愿抓住情感创伤不放呢？因为正如下面这个寓言所述，这种做法给痛苦提供了一种麻醉剂。但是，这种麻醉剂也会麻痹我们可能经历的所有积极感受。我们来看一看亨利的故事告诉了我们什么。在美国宾夕法尼亚州一个寒冷的冬夜，亨利正走在回家的路上，他没有戴手套，手一直揣在口袋里，以保护自己不受低温的影响。走着走着，亨利没有注意到脚下的一个冰块，一个踉跄，脸朝下俯冲，他被绊倒在人行道上。这一摔影响了他大脑中的嗅觉神经，在很长一段时间内，亨利失去了嗅觉，他闻不到任何味道。起初他认为这是一件好事，因为他可以随意走过垃圾堆或敞开的下水道，而闻不到它们的恶臭。然而，没过多久，他就注意到了失去嗅觉的不便。有一次，他和几个伙伴去野营，他深刻地意识到，自己再也无法感受到常青树美妙的香气，曾经令人陶醉的篝火的味道也不复存在，而在清晨时分，他再也无法被曾经熟悉的咖啡和熏肉的诱人香味叫醒。

亨利失去了嗅觉，生活质量也降低了不少。那么，当我们失去充分体验情感的能力时，我们的生活质量是如何降低的呢？如果我们不释放自己的情感痛苦，我们就会逐渐对情境和事件变得麻木，最后与情感性自我完全失去连接。为了帮助你有效地释放情感痛苦，我们整理了一系列有效的工具，具体如下。

艺术化表达

我们已经知道梅兰妮如何利用写作释放了不良情绪，其他的艺术形式也同样有效。几个世纪以来，通过诗歌来表达情感痛苦的做法一直很流行。释放情感痛苦的其他方式还包括绘画、雕刻等。有些人还喜欢用音乐或舞蹈来表达自己，正如英国歌手埃尔顿·约翰所写的那样，“伤感的歌曲意味深长”。同样的例子还包括美国歌手格洛丽亚·盖纳的那句充满激情的“我会活下去！”。

你不需要成为一个专业的艺术家才能利用这些表达方式，你甚至不需要有特别的天赋。17 岁的约翰与他的治疗师谈了他在整个青春期所经历的痛苦，因为他的父亲抛弃了他，在离他很远的地方重新组建了家庭，约翰现在几乎见不到自己的父亲。一旦约翰表达了自己的痛苦，他就会努力释放自己的感受，从而与他所遭受的丧失与伤害和平共处。当治疗师建议约翰通过给父亲写信这种方式来表达他的感受时，他拒绝了，他说："不，我知道自己需要做什么。"他走进树林，开始敲打他的小手鼓，直到他表达并释放了自己对父亲离去的痛苦。

升华

1980 年，坎迪·莱特纳 13 岁的女儿卡里因司机酒驾而丧命，为了制止酒后驾车，她在美国加利福尼亚州成立了反对酒后驾车母亲协会。失去孩子的痛苦一度使莱特纳女士一蹶不振，但她没有放弃，也没有在生活中退缩。相反，她把她的痛苦转化为了自己所热衷的事业。她把自我毁灭式的愤怒替换成了拯救生命的机会，她强大的能力证明了弗洛伊德提出的"升华"这个概念，即把无意识的性能量重新投入到其他积极的追求之中。自弗洛伊德以来，许多心理健康专家已经拓宽了"性能量"的定义，并纳入了很多其他的情感能量。这种方法在于把恐惧、内疚、悲伤和焦虑等各种痛苦的感受所产生的能量进行重新投资，从而做一些积极的事情。通过这种方式，情感伤害被释放出来，并且转化为一种积极的追求。

引导想象

在引导想象中，治疗师会帮助来访者想象某个人、某个场景或某段对话。引导想象的工作方式很简单：闭上眼睛，设想自己正在完成一些在现实中不可能完成的事情。例如，与早已去世的侵犯者对峙，或者向那些早年逝去的人表达复杂的感情。引导想象也可以帮助你处理那些未曾解决的问题，比如严重的车祸所产生的创伤。从治疗师的角度来看，它是一种工具，它可以帮助来访者从不同的角度，从一个幸存者而不是受害者的角度，来看待这个痛苦的场景。通过引导想象，人们最终往往可以跟折磨他们多年的人或事说再见。

为什么引导想象是一种如此有效的技术？从某种意义上说，它是一种技巧，因为我们的神经系统并不知道现实和想象的区别，所以感知就是现实。如果我们的大脑看到某件事情发生，那么我们的身体就会把它当作现实来处理。这就是为什么梦的影响会如此强大。在引导想象的过程中，随之而来的情绪往往就像梦境真的发生了一样强烈。同样，引导想象技术制造了一种强大的情感现实感，和我们所讨论的其他技术一样，它也能通过同样的原理帮助人们放下情感伤害。但是，如果没有经过训练的专业人士协助，我们不建议采用引导想象技术，特别是面对长期存在的创伤或虐待场景时。

5. 改变思维

第五步是为了给来访者提供认知上的补充。思维会影响感受。只有具备积极的思维，我们才会拥有良好的感受。我们作为治疗师的工作经验，以及相关领域的专业文献提供了大量的证据，表明积极的思维在治疗过程中是非常有帮助的。诺曼·皮尔在其经典作品中描述了积极思维的神奇力量。马丁·塞利格曼博士提出了一种名为积极心理治疗的疗法，并在他所著的《真实的幸福》一书中介绍了这种疗法。积极心理治疗基于这样的认知：我们可以通过改变思想、态度和信念来产生积极情绪，从而促进抑郁症患者的康复。

卢卷入了一场有多人死亡的车祸。虽然这场事故不是他的错，但他一直被这次经历困扰着。治疗师首先需要搞清楚事故发生的具体细节，最重要的是，治疗师要弄明白到底是什么困扰着卢。然后，卢必须要感受、表达和释放他的情绪，以获得平静。此外，他有一种负罪感：由于自己是幸存者而感到内疚。因此，要想真正恢复，他也需要从不同的角度来看待这场事故，他必须用更理性的想法取代不健康的认知。打个比方，理智的想法可以是，“事故不是我的错，我这样折磨自己并不能让丧生者起死回生”，以及“我保持安全驾驶已经50多年了，我可以再次自信而谨慎地驾车上路”。而不健康的认知可能是，“如果那些人死了，我怎么能有权利高兴”，以及 “我再也不会觉得驾车很安全了”。

为了改变思维，你需要改变一下自己的生活计划。这意味着你不仅要向失去的东西说再见，还要迎接以后发生的一切。为了学习和成长，你必须掌握替代的艺术，从过去的事物中分离，重新与现在的事物连接。如果你不能再打球了，那么你还可以去当教练；如果你的狗死了，那么你还可以去动物保护协会领养一只可爱的小狗；如果你喜欢的节目停播了，那么你还可以重新找一个节目观看；如果你失业了，那么你还可以出去找一份新工作。

大多数心理健康专家认为，如果不经历一段悲伤的时间，那么从一段关系无缝衔接至下一段关系是不健康的做法。给自己一个机会向所爱的人或物说再见，感受和体验这种失落，并认真地了解自我，这样做才是更健康的做法。当你成功地完成了这些任务，再次敞开自我大胆去爱时，这就是一种在关系丧失之后的再投资。这种再投资的风险包括失去这段关系以及承受随之而来的悲伤。尽管计划有所改变，但它标志着你已经开始决定重新生活。

戴夫是一名消防医务人员，他因残疾退休后去了美国另一个州生活。为了解决创伤后应激障碍的症状，他开始寻求心理学家的帮助。戴夫的症状之一是有个噩梦反复出现，当他醒来时，会想起自己在林荫大道上被各种各样的人体器官追赶的情景。在他漫长的职业生涯中，他曾在某个时刻看见了从事故幸存者身上掉下来的人体器官。戴夫没有通过好好感受当时的情绪来妥善处理或"结束"这些事件。也就是说，他需要讲述自己的故事，来表达和释放他对所发生的事情的感受。戴夫需要和别人分享一下，当他到达事故现场，救出一个胳膊断了的年轻人时的感觉。在现在这个人生时刻，他有必要把这类事件的记忆从大脑中摘取出来，告诉那些能帮助他理解自己的反应和感受的人。只有这样做，戴夫才能释放情感，从而不再受到噩梦的困扰。

请注意，他的情感愈合过程包含了所有 5 个步骤：回忆（回到事件中去）；体验感受（在事件发生时，他没有机会去感受）；表达感受；释放感受；以不同的方式思考这些事件。请注意，第一步至第四步几乎是无缝进行的，他在讲述每个故事的时候都分享和释放了他的记忆和感受。第五步在于换位思考，接受新的概念："我为每个幸存者都做了自己所能做到的最好的事。我为许多人的生活带来了改变。我无法改变超出自己能力范围的事情。”

除了5步法，罗伯特·阿克曼、苏珊·福沃德和悉德·西蒙博士也在他们的著作中探讨了其他的理论。此外，还有一些关于原谅过程的模型，包括恩赖特和菲茨吉本斯在2000年提出的动态过程模型，以及麦凯等人在2007年对该模型的扩展，他们纳入了女性主义原则。然而，无论选择哪种模型，你都要认识到，你需要对自己的痊愈负责，而不是相信时间会治愈你。在你的生活中，无论是丧失、背叛、抛弃、拒绝，还是虐待，你都会经历情感上的痛苦。为了在生活中摆脱冷漠、怨恨、成瘾行为、强迫行为、情感麻木和精神僵化，你需要学习如何放下。要成为一个健康的人，你就需要有释放痛苦的能力，从而去爱，去失去，去伤害，去说再见，去治愈，然后再来一遍。伴随着某些人、某些事和某些梦想，这个循环会在人的一生中重复千次万次。

现在，让我们通过下面的练习来探讨一下这 5 个治愈情感的步骤是如何发挥作用的。

练 习

◎ 练习 1——西蒙博士的表达练习

想要表达感受，可以采取下面 3 种行动：

1. 给那个给你带来了情感创伤的人写一封信，但不要给他看或寄给他，请具体说明发生了什么，你当时的感受，它后来对你产生的影响，以及你现在需要做什么来释放你的负面感受。

2. 站在刚才那个人的角度再写一封信，为的是告诉你，你需要知道什么来释放自己的痛苦。

3. 编写一份清单，列出导致这个人成为现在这个样子的 10 个事件。

◎ 练习 2——升华

这个练习的目的是帮助你确定，如何将你的情感能量转向积极的方向。回答以下问题，以便确定最适合你追求的事业，它也是对你最有帮助的事业。

1. 你最关心的社会问题是什么？你最常思考和谈论的问题是什么？

2. 在你的小区中，是否有一个与此类问题有关的志愿者团体？你可以每周投入一定的时间来参与这个团体的活动吗？

如果你很难找到适合自己的团体或事业，那么你还可以通过以下的方式来寻找：

1. 列出全球范围内你最关心的 5 个问题，比如受教育不公平、全球变暖等。

2. 用每个问题以及你所在城市的名称作为关键词，上网搜索一下。

3. 根据你的搜索结果，针对每一个问题列出当地 5 个相关的志愿者团体。

4. 根据你在网上看到的关于每个团体的信息和他们需要的志愿者类型，确定这些团体的优先次序。然后给优先级排名第一的那个团体打电话，申请加入志愿者。

◎ 练习 3——引导想象

在一个安静的地方，找一个舒适的姿势，你可以选择坐着或躺着。如果你发现自己在这个过程中想要睡觉，那么你不要对抗这种冲动，因为硬撑着不睡会造成更大的压力。如果你分心了，那么你就不要抵抗外部刺激。你可以察觉到自己分心的情况，然后再回到练习中。请专注于你的呼吸，通过深呼吸扩大腹腔。屏住呼吸时，可以比平时多保持几秒的时间，然后呼气释放。只要多加练习，你在完成这一过程时就会感到更容易。想一想当前的情况、问题或事件，试着从不同的角度来考虑，当你发现自己能以不同的方式处理它时，这样做会对你更有益处。把他人的行为视作他们自身的反映，他们的行为反映了他们本身是怎样的人，而你的反应则反映了你本身是怎样的人。现在，产生一些积极且有建设性的想法，以引导你达到最佳结果。

◎ 练习 4——改变思维

为了帮助你通过转变思维来释放痛苦情绪，我们来练习一下如何改变思维。让我们从一个相对简单的场景开始。例如，你忘了去商店买伴侣最喜欢的饼干，她很生气，而你在心里想：“我真愚蠢，一点都不体贴。她可能会在年底前和我离婚，这都是我活该。” 现在你可以转变思维，重新思考这件事，并写出 3 个可能的积极选择。例如：“我也是人，我只是犯了一个人人都会犯的错误而已。在大多数时候，我都很周到，并且对她体贴入微。下次她要求我做什么，我一定不会忘记。”

如果你在生活中因为某件事情而处于情感困境，并且你因为这件事的发生而自责，那么就请你试着将这种反思方式应用于此类困境，也许是离婚，也许是你与兄弟姐妹或父母之间变得疏远了。请在下面的空白处写下你脑海中不断闪现的最初的消极想法，然后以积极的思维方式去改写这个想法：

第11章

让这10个心理学真相为你所用

你可能正在努力地参透这10个心理学真相的内涵，并思考如何将它们融入你的生活。确实有很多东西需要思考，你可能会疑惑，我们到底该如何将所有这些真相付诸实践。其中有一个词是关键：实践。如果你手边有一份关于这10个心理学真相的清单，并偶尔看看，那么它们会逐渐成为你意识中的一部分。你会更加自然而然地意识到，你可以如何将这些真相应用于你的生活。一段时间后，每个真相都将成为你思考生活和处理生活事件的一部分。例如，你想知道为什么明明那个人对你不好，你却还愿意和他约会，这是因为你已经允许自己和那个人约会了，但是他最终会伤害你。如果你能保持理智，并决定将这一真相应用于你的生活，那么你就不会允许自己和这类人约会。

但是，说起来容易做起来难。大多数人不会在一夜之间就发生改变，他们做不到立即远离那些对他们不好的人，也做不到立即与那些对他们好的人相处。因此，你需要实践。你不仅要练习思考这些真相，还要在各种情况下尝试运用这些真相。一段时间以后，你会将这些真相内化，用它们来处理各种问题，这个习惯将成为你的第二天性。为了帮助你完成这一内化过程，我们将为你提供一个练习机会，让你在本书的受控环境中来实践你所学到的知识。我们将带你经历3个不同的场景，以便你能熟练地运用这些真相。前面几个章节的结尾处都附上了相应的练习，但这一章不同，这一章囊括了之前提到的所有练习。医学院校的口号通常是“看一个，做一个，教一个”，但我们在此基础上稍作改动。本章的第一部分要求你“看”并思考有关爱德华的个案史；第二部分要求你在读完劳里的故事后去“做”，即应用真相；第三部分是“教”，即你需要把真相运用到自己身上，并把学到的经验教训进行个人化。

1. 请你运用这些真相分析爱德华的案例

爱德华是一名42岁的历史教师，他的妻子是一名英语教师，他们育有一个7岁的女孩。爱德华一直怀疑妻子与他们学校一个19岁的雇员有婚外恋，虽然可能性很小，但这个问题一直困扰着他。让爱德华感到尴尬的一点是，为了弄清楚真相，他甚至已经不惜侵犯妻子的个人界限了，除了阅读她的电子邮件，他还查看了她的手机记录。查阅之后，他没有发现任何蛛丝马迹。他知道这种暗中偷窥的行为是不对的。他其实知道妻子并没有发生外遇，但他就是忍不住为此担忧。结果，他不停地质问妻子，快把自己和妻子都逼疯了。他开始对妻子进行毫无根据的谴责，这让他们的婚姻关系更加恶化了。

爱德华是个独生子，他与母亲的关系十分密切，他与父亲之间的关系虽然不算太亲密，但也算融洽。尽管他不是特别受欢迎，但他是个好学生，在学校里还有几个朋友。22岁的时候，他与人交往过，但是当时的女朋友与他的一个哥们儿上床了，最后，这段感情结束得很糟糕。在成长过程中，爱德华从来没有与任何人发生过冲突，他说自己拥有适度的社交自信和高于平均水平的学术自信。在爱德华14岁时，他的母亲就离开了他的父亲。母亲要带他一起离开这个家，但爱德华不能没有父亲，他不忍心让父亲孤身一人。爱德华在读大学的时候成绩优异，并且在这一时期遇到了他现在的妻子，妻子和他读的同是教育学专业。他们在毕业后的第3个月就结婚了，并且在同一所中学工作。几年后，他们有了自己的女儿，在这期间，爱德华没有表现出任何异样。

但是，自从女儿出生后，爱德华对两件事变得很执着。第一件事是女儿被诊断出患有严重的水痘，他为此整日忧心忡忡。女儿虽然病得很重，但是她最终完全康复了。第二件事是他被诊断出了脑瘤，他又开始困扰。后来，医生说他的脑瘤是良性的，不会危及生命。在这两种情况下，爱德华都曾为潜在的致命情况而苦恼，但它们都只不过是虚惊一场。

现在让我们来探究一下，这些真相到底是如何帮助爱德华处理他生活中的问题的。

真相 1：情绪并非总是神秘造访，它是可以被识别和理解的

这个真相让爱德华认识到，他的感受对他来说是有意义的。换句话说，他发现，他的焦虑并不是由自己的处境、妻子的行为或那个 19 岁的雇员引起的。相反，是他对妻子和那个年轻人之间关系的看法导致了他的情绪。他感受到了一种威胁，但却没有证据表明他们有不当行为。当爱德华想到这一点时，他意识到，正是他对妻子的爱以及看似可疑的情况，激起了他的焦虑。一旦爱德华能承认他的焦虑是他自己的问题，而不是其他人的问题，他的焦虑就不那么难以理解，也不那么可怕了。他可以明白，焦虑恰恰源自他自身以及他对事物的看法。

真相 2：只有改变想法并说出感受，你才能摆脱强迫行为

通过第二个真相，爱德华意识到，如果他改变了自己的想法和感受，那么他的强迫行为，即他对妻子的暗中窥探和监视就是可以改变的。他意识到这种强迫行为是有目的的，这种行为能保护他不受伤害，使得他对妻子和那位年轻雇员之前的情况有一种掌控感。但是，这种担忧却一直存在，很难被抹去。爱德华认识到，如果他想控制自己的强迫行为，那么他就需要改变自己的思维和感受。他打算尝试不同的方法来实现这一点：服用化学药物、调节感觉运动系统和转换认知。爱德华最终选择向他的治疗师表达自己的感受，从而产生了一种爱德华称之为“解脱”的感觉。

真相 3：每种行为背后往往都有我们意想不到的目的

通过这一真相，爱德华意识到，他的强迫行为背后有潜在的目的。爱德华越是反思自己为什么总是会陷入自我挫败，他就越清楚其根源。爱德华曾有过两次过度担忧某件事的经历，一次与他女儿的健康有关，另一次与他自己的健康有关。幸好这两件事都不是什么实质性的大问题，没有造成严重后果。爱德华承认，担忧似乎带来了他所期望的结果。当他对自己的焦虑进行了深入思考后，他明白自己其实是把它当作一种对抗困境的法宝。

真相 4：除非能面对内在破坏者，否则我们只能自我破坏

爱德华调用了他的内在破坏者，以保护他自己免受对于失去的恐惧，特别是自己对于失去重要关系的恐惧。爱德华突然意识到，自从母亲在他十几岁时离开了家，以及前女友在他 22 岁时出轨后，他就对被抛弃这件事变得非常敏感和恐惧。他担心女儿会因为死亡而抛下他，他担心妻子会因为不忠而离开他。尽管他没有意识到自己的恐惧，但他的恐惧非常强烈。他一直逃避直接面对并处理他的恐惧，这让他变成了一个自我破坏的焦虑机器，同时折磨着他和他的妻子。

真相 5：再古怪的行为都来自我们的许可

爱德华允许自己以各种方式对自己的生活处境做出反应。当母亲离开家时，他不允许自己再抛弃父亲。他不允许自己与母亲重新建立起亲密关系。虽然他们还有联系，但爱德华始终与母亲保持着一定的距离。他不允许自己原谅母亲的离开。因此，爱德华不允许自己相信别人会爱他并且愿意与他在一起。相反，他允许自己痴痴地担忧，审问他的妻子，并在她背后暗中窥探。当爱德华意识到他都许可了自己的哪些行为时，他感到很难堪。他终于明白，他允许自己所说的和所做的都是那些他认为不可接受的事情。

真相 6：不要将有限的情感能量浪费在妄想、担忧和抱怨上

爱德华把他的情感能量都浪费在想象妻子和那位年轻雇员之间的浪漫邂逅上了。这个真相改变了爱德华对这件事的看法。虽然他明白自己的担心是不必要的，但浪费情感能量的概念确实击中了他的内心。他清楚地意识到，自己无休止的苦恼是多么令人心力交瘁，这使他剩不下多少可以投入到生活中的其他事情上的情感能量。

真相 7：维持人际关系在于改变自己而非改变他人

爱德华恍然大悟，原来他正在试图控制妻子。对妻子的监视和窥探使他变得更加脆弱无力，强烈的恐惧成为他生命中唯一强大的东西。从这个真相中，爱德华看到，他真正需要的是改变自我，而不是改变他人。他运用我们在第 7 章中所讲的 4 步法做到了这一点。爱德华通过下面这些步骤进行了关于自我改变的练习：

1. 恰当地表达感受："我很害怕有一天会失去你，因为我意识到你对我来说是多么重要。我爱你，我对这段婚姻的投入比我人生中其他任何人际关系都多。就像我们在婚礼上所说的誓词那样，我想和你在一起，白头偕老，永不分离。"

2. 提出具体要求："就像我对你一样，请对我忠诚。"

3. 建立个人界限："我不会再控制你、质疑你或监视你，但我也不容许自己的伴侣不忠。如果你选择不忠，那么我就会离开。"

4. 认真为自己负责："我知道自己不能控制你，因此我会为自己负责。如果你到时候有不忠的表现，那么我也会及时合理地应对。"

我们应该注意到，爱德华在前面 4 个步骤中进行的陈述是针对他自己的。他既不需要真的告诉别人，也不需要让这些话语在他的治愈过程中产生效果。

真相 8：建立自我界限能使人免遭拒绝、侮辱和恐吓

这个真相让爱德华了解到，他为什么会被母亲和前女友的行为所伤害，以及他为什么需要为自己划定个人界限，以保护自己不受他人行为的影响。他突然明白，母亲决定离开他父亲，完全是为了离开她丈夫，而不是为了伤害爱德华。他还认识到，前女友之所以出轨，是因为她需要从外部获得更多的关注和认可。前女友的行为只是她自己的价值观的反映，并不能说明爱德华是一个什么样的人。最重要的是，爱德华明白，他需要设定界限，以保护自己不受他人可能做的事情或他想象中的事情的影响。如果他的妻子不忠，那么这种行为只是反映了妻子是怎样的人，而没有反映爱德华是怎样的人。这个真相给爱德华带来了一种内在的安全感，使他不那么容易被他想象中的妻子可能做的事情所干扰。

真相 9：放手让别人做自己，而不必成为你期待的样子

在某种程度上，这对爱德华来说是最重要的一条真相了。他意识到，他可以选择相信他的妻子会对他忠诚，因为妻子一向是一个忠诚而体贴的人，这一特质使她不太可能以爱德华所想象的方式行事。更重要的是，他决定相信自己，无论妻子的决定和行为如何，他都会体面而优雅地来应对这种情况。当爱德华得知妻子与学校里那位年轻雇员的事情后，他选择相信妻子并相信自己，这一做法让他恢复了往日心灵的宁静，而不再执着于忧虑产生的神奇力量。他明白自己的担心是毫无根据的，这种担心只是源于他母亲和前女友在多年前的行为方式带给他的伤害。

真相 10：时间不能治愈所有的伤痛，但我们可以学习如何放下

爱德华了解到，他一直执着于一些事情，这些事情阻碍了他心灵的平静和情感的愈合。例如，他一直心怀怨恨，特别是对他的母亲和前女友心怀怨恨，这使他无法与生活中的每个人，包括他的妻子建立亲密关系。爱德华不仅需要原谅母亲在28 年前的离开，他还需要放下生活中那些自己无法控制的事情，比如妻子的行为和女儿的健康。当然，为了他和家人的幸福，爱德华可以做出正确合理的决定，但这并不能保证他们会过上健康长寿且幸福美好的生活。虽然爱德华清醒地意识到，承认自己的无能为力会让他觉得自己很脆弱，但释放那些不属于自己的东西对他来说是有意义的。

爱德华写了一封信来释放他对母亲的怨恨，并且认真审视了一下自己现在是否想与母亲走得更近一些。他选择在他自己与母亲之间保持一定的距离。他觉得这个想法很好，这样一来，他就可以把自己担忧妻子和女儿的精力重新投入到家庭中来。他开始对她们表现得体贴入微、慷慨包容，于是他跟妻子和女儿之间的关系更亲密了。

2. 请你运用这些真相来帮助劳里

劳里是一位 36 岁的企业高管。她的婚姻很幸福，有两个未成年的孩子，作为母亲她非常骄傲。尽管劳里在生活上和事业上都取得了不错的成就，但在做决定时，她总是很挣扎。虽然她在职场上很成功，但她常常质疑自己。她在高中时以班级前五名的优异成绩毕业，但她从未觉得自己有多优秀。在谈到自己的生活时，她承认母亲总是过度干预她的生活、她的决定、她的人际关系以及她的育儿方式。劳里一直希望得到母亲的认可，因此，她极力让自己在学业上和事业上表现得出色。但母亲的严苛总是让她感到失望和气馁。她的母亲多年来一直想方设法地戒酒，她总是对劳里进行打骂，并将许多家庭问题都归咎于劳里。每当劳里表达自己的想法时，母亲就会驳斥她并且反应过激。最近，劳里一直被自己的负面想法所困扰，这些想法影响了她的工作，导致她经常彻夜难眠。她对母亲感到更加愤怒了，对孩子们也失去了耐心。她总是发脾气，当母亲和孩子与她意见不合时，这种情况就会更严重。因此，劳里选择借酒消愁，并且打算与她的一个同事偷情，其实她这样做仅仅是为了得到他人的关注和认可。

现在，请用你所学到的知识来帮助劳里处理她的抉择困难、愤怒、酗酒和即将发生的不忠行为。仔细阅读每一条真相，并利用所提供的问题作为指导，想一想劳里可能会问自己什么问题，以及她会反思其他哪些问题。

真相 1：情绪并非总是神秘造访，它是可以被识别和理解的

你为什么会对自己的孩子生气？是因为他们的行为突然比以前糟糕许多，还是你在为别的事情生气？

在你成长的过程中，最让你感到愤怒的是什么？

某些情况是否仍会引发你的愤怒？

在你的母亲和孩子的那些行为中，你接受不了的是哪一点？他们在以前是否说过或做过类似的事情，让你觉得自己无法掌控他们，或者他们是在以某种方式批评你？

你的反应是否在更大程度上是你自身的问题，而不是你母亲和孩子的问题？

真相 2：只有改变想法并说出感受，你才能摆脱强迫行为

你在生活中都取得了那么多成就了，还有什么原因会让你感到如此优柔寡断和犹豫不决？

当你为一个决定而艰难抉择时，你的脑子里会有什么想法？当你开始采取某些措施分析这些想法时，它们是否有效？还是它们只是你无意识中的想法，是你这辈子都一直坚信的事情？

在这些情况下，你是如何转变思维来反映一个更现实的观念的？

当你对自己有负面评价时，你是否想过利用转换认知的方法在负面思想侵蚀你之前掐断它，并用基于现实的、积极的、富有建设性的评价来替代它们？

真相 3：每种行为背后往往都有我们意想不到的目的

是什么导致你最近开始频繁借酒消愁？

为什么你在做决定时总是摇摆不定？

哪些因素导致你对家人如此愤怒？

当你想到你的酗酒习惯、优柔寡断和愤怒情绪时，除了事件本身的原因以外，还有没有其他解释？

真相 4：除非能面对内在破坏者，否则我们只能自我破坏

你为什么打算冒着离婚的风险与你的同事搞婚外情？

是不是因为这个同事是你的“真爱”，你觉得注定要和他在一起，而不是与你的丈夫携手一生？还是有其他原因迫使你去搞婚外情？

有没有一种可能，那就是发生外遇会使你的生活更不如意，并产生比目前更多的问题？

真相 5：再古怪的行为都来自我们的许可

在你成长的过程中，你的母亲是如何影响你的情绪的？你是否允许她的批评和反对让你感到自己不够好？你是否允许她来决定你的情绪状态？

作为一个成年人，你是否允许自己过量饮酒？你有没有试过每晚只允许自己喝一杯？

你允许自己欺骗伴侣吗？你是否告诉自己，有外遇也没什么大不了的？

真相 6：不要将有限的情感能量浪费在妄想、担忧和抱怨上

在你辗转反侧，一夜难眠之后的第二天，你是否感到身心俱疲？你是否很难完成很多事情？

当你开始担忧并持续关注负面事件时，你是否能加深自己与丈夫或孩子之间的联系？

你有没有觉得自己把大量的情感能量花在了幻想与同事调情暧昧上？你在这上面花费的时间和精力，是不是比你花费在自己丈夫身上的时间和精力更多？

真相 7：维持人际关系在于改变自己而非改变他人

如果让你给你的母亲打个分，评估一下她对你的控制在多大程度上影响了你对自己的评价，那么这个分值会是多少？10%？ 25%？还是更多？

在你的丈夫、孩子、母亲和同事中，谁是你最想控制的人？你是如何试图改变他们，以便让他们成为你想要的样子？

你想控制和改变他人的努力奏效了吗？

真相 8：建立自我界限能使人免遭拒绝、侮辱和恐吓

你在小时候是否曾试图保护自己不受母亲的批评？你现在是如何保护自己的？

当有人在工作中对你说了一些不好听的话，或者你的孩子、伴侣做了一些让你不高兴的事情时，你是否能后退一步，认识到他们的言行只是表明了他们是怎样的人，而不是反映了你的问题？

你是否在生活中设置了某些界限，以保护你不受他人言行的影响？如果你设立了这些界限，那么它们可以保护你免受哪些影响？

真相 9：放手让别人做自己，而不必成为你期待的样子

你是否一直希望母亲不要那么挑剔，并且对你更加宽容一些？你是否一直相信，经过这么多年后，她会突然认识到自己应该更加欣赏你的价值和能力？

你是否一直希望自己的丈夫能更有活力且自信满满？你是否一直在想，你那精力旺盛且不安分的儿子什么时候能变成一个乖巧安静、尊重他人且勤奋认真的好学生？

真相 10：时间不能治愈所有的伤痛，但我们可以学习如何放下

哪些创伤性事件或重复的负面行为模式仍然占据着你的思想？你是否还会不断地想起母亲对你的批评？你是否还一直忘不了母亲的行为和态度带给你的感受？

你是否曾努力回忆并向你的伴侣、密友或治疗师表达过这些感受？

你的这些感受是否非常深刻，甚至到了唤起强烈的反应，比如流泪的地步？

你有没有努力释放那些让人痛不欲生的感受，并原谅母亲的行为方式？

你有没有改变自己对母亲的想法？你是否已经不再责备她对待你的方式？你是否决心以更健康的情感方式与她重新建立联系？

3. 如何让这些真相为你所用

现在的问题很简单，就是把你在本书中学到的所有东西放在一起，然后把它们应用到你所关心的任何问题或事件中。这听起来似乎不是很容易，但一旦你掌握了，它也不是特别困难的一件事。诀窍在于你需要熟悉这 10 个真相，在日常生活中意识到它们的存在，并将它们运用到各种情况中。每一章结尾处的练习都旨在帮助你进行一些这样的实践。以下是最后一个练习，它可以帮助你持续不断地践行这些真相，从而让你找到真正的生活之道。

真相 1：试着找出一种你无法承受且没有任何明显原因的情绪。它可以是悲伤、羞愧或任何经常出现的感受。在一张纸上写下描述这种情绪的词语，然后从它开始画箭头，画出 5 到 10 个可能触发它的事件。它既可以是一种具体的情况，比如你的重要他人冒犯了你，也可以是一个更普遍的原因，比如你由于从来没有自己的时间而有一种莫名其妙的挫败感。以这些原因为线索，探索一下你为什么会有这样的感觉。

真相 2：想一想有哪些想法和感受伴随着或触发了你的强迫行为的出现，并制订一个改变计划。分别写下关于这个真相“之前”和“之后”的一些陈述，即你在知道这个真相之前的想法和感受，以及你现在想如何改变自己的想法和感受。用这种对比来不断地提醒自己，某些想法和感受是如何强化你的强迫行为的，而其他一些想法和感受又是如何让你摆脱那些强迫行为的。

真相 3：分析你身上最令人不解的行为，比如看似毫无益处但却反复出现的行为。试着深入挖掘一下，看看你从这种行为中得到了什么。它是否是一种仪式感，这种仪式感让你感觉很舒服？它是不是某种形式的反抗？如果你想分析这种行为，那么你需要透过这种行为的表面原因往深层次探究。如果有帮助的话，那么就迫使自己往里探究 3 个层面。让我们拿吸烟这种行为打比方。第一层面："我之所以吸烟是因为它让我感觉良好。"第二层面："我之所以感觉良好是因为吸烟能让我放松，并消除我的焦虑。"第三层面："我之所以感觉不那么焦虑是因为吸烟让我感觉很酷，并且让我感觉能控制自己，而我平常难以获得这种掌控感。"

真相 4：对你的内在破坏者进行文字描述，描述它可能会在什么时候出现并违背你的最大利益行事，它会鼓励你做什么或说什么，你是如何让它的行动合理化的，以及什么结果会令它满意。想一想你有多少次曾经劝说自己放弃某个目标。识别消极的自我评价，并确定你的破坏者在保护你免受什么伤害和影响。

真相 5：创建一份清单，说明你允许自己做了哪些会带来负面后果的事情，包括婚恋、家庭、工作、成瘾等方面。清单要简洁明确。例如，“我允许自己批评妻子”或“我允许自己酒后驾车”。识别辩解、合理化、理智化等借口，以及那些允许你选择不当行为或破坏性行为的其他借口。

真相 6：重新投资你的情感能量。随身带一个小本子，当你希望某些事情与现在不同，当你担忧某些自己无法控制的事情，或者当你对特定情况发牢骚时，就在本子上通过打钩来做个标记。把这一页上所有的标记作为一种提醒和动力，让自己停止妄想、担忧和抱怨，把更多的情感能量投入到你真正热爱的事物上，比如你的伴侣、你的家庭、你的工作等。与其抱怨你无法控制的事情，不如选择追求一个目标，为自己负责，成为一个榜样，高标准严要求，并且不辜负自己在乎的人。

真相 7：找出生活中对你情绪影响最大的一个人。有意识地从这个人那里夺回控制权。每天对自己重复：“×××（他人的名字）不能、不应该、不会决定我是否快乐、悲伤或疯狂。”提醒自己，你的幸福不应该取决于别人的行为，不要期望别人的行事方式能与以往不同。

真相 8：划定你的界限，这指的是字面意义上的界限。在

一张纸上写上 “我”，然后在这个字的周围画上一些线条，并在这些线的另一边写上简单的描述，说明哪些人常常会拒绝、侮辱和恐吓你。例如，“×××（重要他人的名字）侮辱我的外表”，或“×××（老板的名字）威胁要给我一个差评”。你可以把这幅画作为一个提醒，他们的所作所为只是反映了他们自身是怎样一个人，而不是反映了你本身有什么问题。

真相 9：你对生活中的哪个人最常感到失望？现在请重新定义你对这个人的期待。根据这个人过去的行为，重新建立你对他的期望。告诉自己，他过去的行为方式也是他未来最有可能出现的行为方式。你要认识到，无论这个人以前表现出什么样的特征和倾向，他都有可能再次表现出同样的特征和倾向。

真相 10：找一个值得信赖的朋友或治疗师帮助你通过“情感治愈 5 步法”来放下负面情绪和感受：回忆、感受、表达、释放和改变思维。不要被动地等待时间来帮助你变得更好，你要积极主动地做一些事情来保证自己的情感健康。

10 个心理学真相的力量

正如时间不能治愈所有伤痛一样，这些真相也不是灵丹妙药。它们不会神奇地治愈你的成瘾行为，不会一夜之间解除你的压力，不会轻易地把你从一个失败者变成一个成功者。然而，它们会让你更加了解你自己，这些认识会潜移默化地让你在生活的各个方面产生巨大的变化。

了解你的思维的运作方式至关重要。当你了解自己为什么会这样想、这样感觉并且这样做的时候，你就会对自己有更深刻的认识。这种意识会转化为更强大的控制力。思维与其他任何复杂精密的工具一样，你越了解它的功能和不足，你就越能有效地利用它。

我们写这本书是为了帮助人们更有效地使用他们的大脑。作为心理学家，我们知道来访者并不总是了解他们的心理问题和能力，因此他们有时会让自己陷入困境，或者他们使用大脑的方式并没有帮助他们避免麻烦或利用机会。

虽然这本书不能代替治疗，但对于许多情绪问题不太严重的人来说，这本书正是他们所需要的。掌握这 10 个心理学真相就像拥有一本心灵手册，它将为你在生活中要处理的大多数情况和问题提供指引，并且告诉你应该运用哪些知识和原理来应对这些困难和挑战。当你合上这本书，走进真实的生活，面对现实的世界时，请记住我们最后这个诚恳的建议：让这 10 个心理学真相成为你的幸福生活指南。

参考文献

Allport, Gordon. *Theories of Personality*. New York: John Wiley and Sons, 1978.

Bandura, Albert. *Self-efficacy: The exercise of control*. New York: Freeman, 1997.

———. "Self efficacy: toward a unifying theory of behavioral change." *Psychological Review* 84 (1977): 191–215.

The Big Book of Alcoholics Anonymous. Alcoholics Anonymous World Services, Inc. 2001.

Berk, Sally Ann. *The Big Little Book of Jewish Wit and Wisdom*. New York: Black Dog and Leventhal Publishers, Inc., 2000.

Bishoff, Steve, and John Wooden. *An American Treasure*. Nashville: Cumberland House Publishing, Inc., 2004.

"Blind Monks Examining an Elephant." en.wikipedia.org/wiki/Blind-men-and-an-Elephant. Accessed August 29, 2006.

Buscaglia, Leo. *Living, Loving, and Learning*. New York: Fawcett Books, 1982.

Cable, Janice. "Our Cheatin' Hearts: Infidelity—How to Stop Before You Start." *Industry Magazine,* August/September (2005): 35.

Cromie, William J. "Anger Can Break Your Heart." *Harvard University Gazette* (September 2006): 21.

Dingfelder, S. "Insincere Apologies Work as Well as Heartfelt Ones." *Monitor on Psychology* 38, (June 2007): 10.

Dinkmeyer, Don C. et. al. *Adlerian Counseling and Psychotherapy*. New York: Wadsworth Publishing Company, Inc., 1979.

Dossey, Larry. *Healing Words: The Power of Prayer and the Practice of Medicine*. San Francisco: Harper and Sons, 1993.

Edwin, David. Clinical Seminar. Johns Hopkins University, Department of Psychiatry and Behavioral Medicine, 1999.

Fay, Jim, and David Funk. *Teaching with Love and Logic: Taking Control of the Classroom*. Golden, Colo: The Love and Logic Press, 1995.

Feldman, Robert, et al. "Self-presentation and verbal deception: Do self-presenters lie more?" *Basic and Applied Social Psychology 24* (2002): 163-170.

Forward, Susan, and Beckwith, Craig. *Toxic Parents: Overcoming Their Hurtful Legacy and Reclaiming Your Life*. New York: Bantam Books, 1989.

Fredrickson, Barbara, "Cultivating Positive Emotions to Optimize Health and Wellbeing." American Psychological Association Lecture. Quoted in *Prevention and Treatment* 3, (March 7 2000): 64.

Fredrickson, Renee. "Treatment of Survivors of Sexual Abuse." Lecture. Tampa, Fla. 1992.

Gosling, Sam. "Mixed Signals." *Psychology Today* (September/October 2009): 64.

Jeffers, Susan. *Feel the Fear and Do It Anyway*. New York: Fawcett Books, 1987.

Kalb, Claudia. "The Therapist as Scientist." *Newsweek* 27 (March 2006): 51.

Kaplan, Basha and Gail Prince. *Soul Dating to Soul Mating: On the Path Toward Spiritual Partnership*. New York: The Berkeley Publishing Group, 1999.

Langreth, Robert. "Patient Fix Thyself." *Forbes* 9 (April 2007): 80.

Leahy, Robert. *The Worry Cure: Seven Steps to Stop Worry from Stopping You*. New York: Harmony Books, 2005.

Lidz, Franz. "Mickey Gives Him the Slip." *Sports Illustrated* 17 (April 1989): 20.

Lieberman, Matthew. "Taking the Pain Away." *Science* 302 (October 2006): 35.

McHugh, Paul, MD. Clinical Seminar. Johns Hopkins University, Department of Psychiatry and Behavioral Medicine, 1998.

McKay, Kevin M. et. al. "Towards a Feminist Empowerment Model of Forgiveness Psychotherapy." *Psychotherapy: Theory, Research, Practice, Training* 44 (2007), 14–29.

Miller, Michael. "Forgiveness." Harvard Mental Health Letter, December 2004, 6.

———. "How Not to Be Happy." Harvard Mental Health Letter, March 2004, 6.

National Household Survey on Drug Abuse, 1993.

"One Day at a Time in Al-Anon." New York: Al-Anon Family Group Headquarters, Inc., 1989.

Peale, Norman Vincent. *The Power of Positive Thinking*. New York: Fireside, 2003.

Peck, M. Scott. *The Road Less Traveled*. New York: Simon and Schuster, 1978.

Powers, M.B., et al. "Disentangling the Effects of Safety-Behavior Utilization and Safety-Behavior Availability During Exposure-Based Treatment: A Placebo-Controlled Trial." *Journal of Consulting and Clinical Psychology* Vol. 72, No. 3 (May–June 2004): 448–454.

Prochaska, James O., and C. C. DiClemente. "Stages and Processes of Self-Change of Smoking: Toward an Integrative Model of Change." *Journal of Consulting and Clinical Psychology* 51 (1983): 390–395.

Ruben, Ann. Lecture. Florida Psychological Association, 2007.

Scott, Walter. "Personality Parade." *Parade Magazine*, 10 (June 2007): 2.

Seligman, Martin. *Learned Optimism*. New York: Pocket Books, 1990.

———. *Authentic Happiness: Using the New Positive Psychology to Realize Your Potential for Lasting Fulfillment*. New York: The Free Press, 2002.

Shakespeare, William. *Hamlet. The Complete Works of William Shakespeare*. Edited by Hardin Craig. Chicago: Scott, Foresman and Company, 1961.

Shenk, Joshua. "What Makes Us Happy?" *The Atlantic* (June 2009): 48.

Simon, Syd, and Suzanne Simon. "Healing From Emotional Hurt." Lecture. Holiday Inn, Clearwater, Fla. 1987.

Underwood, Marion. "Social Aggression Among Girls." *Monitor on Psychology* (2003): 64.

Weingarten, Abby. "Impassioned Responses." *Herald Tribune*, 4 March 2004, 4E.

"Where Are They Now? No Longer Busts." *Sports Illustrated* (July 12 2004).

致 谢

克里斯多夫·柯特曼：感谢吉尔·斯卡佩里尼博士对本书中 10 个心理学真相的见解和贡献；感谢斯蒂芬妮对我始终如一的爱和鼎力支持；感谢沙伊娜自愿参与本书的编辑工作；感谢佩吉和黛比的出色文案；感谢劳里·罗辛提出的编辑意见；感谢坎迪斯·米林顿校长相信我们的理念，让这 10 个心理学真相成为学校教育中的主要学习内容；感谢我的家人和朋友，还有太多的名字无法一一提及。最重要的是，感谢我 4 岁的孩子卡梅伦和宝宝小梅利纳，他们是我生命中的挚爱，他们每天都在激励我成为更好的人。

哈洛·辛尼斯基：感谢我的家人，感谢他们一生的爱和支持，感谢朋友们的鼓励和信任。我还要感谢约翰斯·霍普金斯大学医学院的同事们，施雷特伦、埃德温和勃兰特博士，以及阿杰、奥斯基、威尔逊和乔夫博士，感谢他们渊博的知识、非凡的临床洞察力以及始终想成为任何人都期待的最佳榜样的热情。他们总是高标准严要求，只期望能对接受他们帮助的人做到最好。

我们还要感谢多蒂对本书的检查；感谢贝茜·斯坦纳的点评与合作；感谢布鲁斯·韦克斯勒的专业编辑；感谢经纪人皮拉尔·奎恩的支持，他对出版业的深耕以及他对这本书的信心；感谢迈克尔·派伊、亚当·施瓦茨和事业出版社其他所有优秀人才，感谢他们将我们的手稿付梓成书。

最后，我们还想感谢我们的每一位来访者及家属。这本书是在我们与他们的互动中逐步完成的，没有他们就不可能有这本书。能帮助他们改变生活，是我们的荣幸。